HISTOIRE

DE MA VIE.

PARIS, TYPOGRAPHIE DE HENRI PLON,

RUE GARANCIÈRE, 8.

HISTOIRE
DE MA VIE

PAR

GEORGE SAND.

Charité envers les autres ;
Dignité envers soi-même ;
Sincérité devant Dieu.

Telle est l'épigraphe du livre que j'entreprends.

15 avril 1847.

GEORGE SAND.

TOME VINGTIÈME.

PARIS
VICTOR LECOU, ÉDITEUR,
RUE DU BOULOI, 10.
1855

CINQUIÈME PARTIE.

(SUITE.)

CHAPITRE DIXIÈME.

(Suite.)

Mais ceci n'est rien encore, et l'homme est investi de bien d'autres droits. Il peut déshonorer sa femme, la *faire mettre en prison* et la condamner ensuite à rentrer sous sa dépendance, à subir son pardon et ses caresses! S'il lui épargne ce

dernier outrage, le pire de tous,
il peut lui faire une vie de fiel et
d'amertume, lui reprocher sa faute
à toutes les heures de sa vie, la
tenir éternellement sous l'humilia-
tion de la servitude, sous la terreur des menaces.

Imaginez le rôle d'une mère de
famille sous le coup de l'outrage
d'une pareille miséricorde! Voyez
l'attitude de ses enfants condamnés
à rougir d'elle, ou à l'absoudre en
détestant l'auteur de son châtiment!
Voyez celle de ses parents, de ses
amis, de ses serviteurs! Supposez
un époux implacable, une femme
vindicative, vous aurez un intérieur
tragique. Supposez un mari incon-

séquent et débonnaire à ses heures,
une femme sans mémoire et sans
dignité, vous aurez un intérieur ridicule. Mais ne supposez jamais un
époux vraiment généreux et moral,
capable de punir au nom de l'honneur et de pardonner au nom de
la religion. Un tel homme peut
exercer sa rigueur et sa clémence
dans le secret du ménage, il ne
peut jamais invoquer le bénéfice de
la loi pour infliger publiquement
une honte qu'il n'est pas en son
pouvoir d'effacer.

Cette doctrine judiciaire fut pourtant admise par les conseils de mon
mari, et plaidée plus tard par un
brave homme, avocat de province,

qui n'était peut-être pas sans talent, mais qui fut forcé d'être absurde sous le poids d'un système immoral et révoltant. Je me souviens que, plaidant au nom de la religion, de l'autorité, de l'orthodoxie de principes, et voulant invoquer le type de la charité évangélique dans l'image du Christ, il le traita de philosophe et de prophète, son mouvement oratoire ne pouvant s'élever jusqu'à en faire un Dieu. Je le crois bien : appeler la sanction d'un Dieu sur la *vengeance précédant le pardon*, c'eût été un sacrilége.

Ajoutons que cette vengeance prétendue légitime peut reposer sur d'atroces calomnies, accueillies dans

un moment d'irritation maladive;
le ressentiment de certaine valetaille
sait orner de faits monstrueux la
faute présumée. Un époux autorisé
à admettre des infamies jusqu'à es-
sayer d'en fournir la preuve y ris-
querait son honneur ou sa raison.

Non, le lien conjugal brisé dans
les cœurs ne peut être renoué par
la main des hommes. L'amour et la
foi, l'estime et le pardon sont choses trop intimes et trop saintes
pour qu'il n'y faille pas Dieu seul
pour témoin et le mystère pour
caution. Le lien conjugal est rompu
dès qu'il est devenu odieux à l'un
des époux. Il faudrait qu'un conseil

de famille et de magistrature fût
appelé à connaître, je ne dis pas
des motifs de plainte, mais de la
réalité, de la force et de la persis-
tance du mécontentement. Que des
épreuves de temps fussent imposées,
qu'une sage lenteur se tînt en
garde contre les caprices coupables
ou les dépits passagers, certes, on
saurait mettre trop de prudence à
prononcer sur les destinées d'une
famille; mais il faudrait que la
sentence ne fût motivée que sur
des incompatibilités certaines dans
l'esprit des juges, vagues dans la
formule judiciaire, inconnues au
public. On ne plaiderait plus pour
la haine et pour la vengeance, et
on plaiderait beaucoup moins.

Plus on aplanira les voies de la délivrance, plus les naufragés du mariage feront d'efforts pour sauver le navire avant de l'abandonner. Si c'est une arche sainte, comme l'esprit de la loi le proclame, faites qu'elle ne sombre pas dans les tempêtes, faites que ses porteurs fatigués ne la laissent pas tomber dans la boue; faites que deux époux, forcés par un devoir de dignité bien entendue à se séparer, puissent respecter le lien qu'ils brisent et enseigner à leurs enfants à les respecter l'un et l'autre.

Voilà les réflexions qui se pressaient dans mon esprit la veille du jour qui devait décider de mon

sort. Mon mari, irrité des motifs
énoncés au jugement, et s'en prenant à moi et à mes conseils ju-
diciaires de ce que les formes lé-
gales ont de dur et d'indélicat, ne
songeait plus qu'à en tirer vengeance. Aveuglé, il ne savait pas
que la société était là son seul ennemi. Il ne se disait pas que je
n'avais articulé que les faits absolument nécessaires, et fourni que
les preuves strictement exigées par
la loi. Il connaissait pourtant le
Code mieux que moi, il avait été
reçu avocat; mais jamais sa pensée,
éprise d'immobilité dans l'autorité,
n'avait voulu s'élever à la critique
morale des lois, et par conséquent
prévoir leurs funestes conséquences.

Il répondait donc à une enquête
où l'on n'avait trahi que des faits
dont il aimait à se vanter, par des
imputations dont j'aurais frémi de
mériter la cent millième partie.
Son avoué se refusa à lire un li-
belle. Les juges se seraient refusés
à l'entendre.

Il allait donc au delà de l'esprit
de la loi, qui permet à l'époux of-
fensé par des reproches de motiver
les procédés acerbes dont on l'accuse par de violents sujets de
plainte. Mais la loi qui admet ce
moyen de défense dans un procès
où l'époux demande la séparation à
son profit ne saurait l'admettre
comme acte de vengeance dans

une lutte où il repousse la séparation. Elle la prononce d'autant plus
en faveur de la femme qui s'est
déclarée offensée, que ce moyen est
la pire des offenses : c'est ce qui
arriva.

Je n'étais pourtant pas tranquille
sur l'issue de ce débat. J'aurais
voulu, moi, dans un premier moment d'indignation, que mon mari
fût autorisé à faire la preuve des
griefs qu'il articulait. Éverard, qui
devait plaider pour moi, repoussait
l'idée d'un pareil débat. Il avait raison, mais ma fierté souffrait, je
l'avoue, de la possibilité d'un soupçon
dans l'esprit des juges. « Ce soupçon, disais-je, prendra peut-être as-

sez de consistance dans leur pensée
pour qu'en prononçant la séparation ils me retirent le soin d'élever
mon fils. »

Pourtant, quand j'eus réfléchi, je
reconnus l'absence de danger de ma
situation, de quelque façon qu'elle
vînt à aboutir. Le soupçon ne pouvait même pas effleurer l'esprit de
mes juges : les accusations portaient
trop le cachet de la démence.

Je m'endormis alors profondément. J'étais fatiguée de mes propres pensées, qui pour la première
fois avaient embrassé la question
du mariage d'une manière générale
assez lucide. Jamais, je le jure, je

n'avais senti aussi vivement la sainteté du pacte conjugal et les causes
de sa fragilité dans nos mœurs que
dans cette crise où je me voyais en
cause moi-même. J'éprouvais enfin
un calme souverain, j'étais sûre de
la droiture de ma conscience et de
la pureté de mon idéal. Je remer-
ciai Dieu de ce qu'au milieu de
mes souffrances personnelles il
m'avait permis de conserver sans
altération la notion et l'amour de
la vérité.

A une heure de l'après-midi,
Félicie entra dans ma chambre.
« Comment! vous pouvez dormir!
me dit-elle. Sachez donc que l'on
sort de l'audience, vous avez gagné

votre procès, vous avez Maurice et Solange. Levez-vous vite pour remercier Éverard qui arrive et qui a fait pleurer toute la ville. »

Il y eut encore tentative de transaction avec M. Dudevant pendant que je retournais à Paris; mais ses conseils ne lui laissaient pas le loisir d'entendre raison. Il forma appel devant la cour de Bourges. Je revins habiter la Châtre.

Quoique je fusse choyée et heureuse autant que possible dans la famille de Duteil, j'y souffrais un peu du bruit des enfants, qui se levaient à l'heure où je commençais à m'endormir, et de la chaleur, que

l'étroitesse de la rue et la petitesse
de la maison rendaient accablante.
Passer l'été dans une ville, c'est
pour moi chose cruelle. Je n'avais
pas seulement une pauvre petite
branche de verdure à regarder.
Rozane Bourgoing m'offrit une
chambre chez elle, et il fut con-
venu que les deux familles se réu-
niraient tous les soirs.

M. et madame Bourgoing, avec
une jeune sœur de Rozane qu'ils
traitaient comme leur enfant, et
qui était presque aussi belle que
Rozane, occupaient une jolie maison
avec un jardinet perché en terrasse
sur un précipice. C'était l'ancien
rempart de la ville, et par là on

voyait la campagne, on y était.
L'Indre coulait, sombre et paisible,
sous des rideaux d'arbres magnifiques et s'en allait, le long d'une
vallée charmante, se perdre dans la
verdure. Devant moi, sur l'autre
rive, s'élevait la Rochaille, une col-
line semée de blocs diluviens et
ombragée de noyers séculaires. La
maisonnette blanche et les ajoupas
de roseaux du Malgache s'aperce-
vaient un peu plus loin, et à côté
de nous la grande tour carrée de
l'ancien château des Lombault domi-
nait le paysage.

Notre jardinet, tout rempli de
fleurs, nous régalait de senteurs
délicieuses; le bruit de la ville

n'était pas trop près. Nous dînions
dehors, le long d'un grand pignon
couvert de chèvrefeuille, les pieds
sur les dalles d'un petit péristyle
où les violettes trouvaient moyen
de se fourrer. Nos amis venaient
prendre le café sur la balustrade
de la terrasse, au chant des rossi-
gnols et au bruit des moulins de
la rivière. Mes nuits étaient délicieuses. J'avais une grande chambre
au rez-de-chaussée, meublée d'un
petit lit de fer, d'une chaise et
d'une table. Quand les amis étaient
partis et les portes fermées, je pouvais, sans troubler le sommeil de
personne, me promener dans le
jardin escarpé comme une citadelle,
travailler une heure, sortir et ren-

trer, compter les étoiles qui se couchent, saluer le soleil qui se lève, embrasser à la fois un large horizon et une vaste campagne, n'entendre que le chant des oiseaux ou le cri des chouettes, me croire enfin dans la maison déserte de mes rêves. C'est là que je refis la dernière partie de *Lélia* et que je l'augmentai d'un volume. C'est peut-être l'endroit où je me suis crue, à tort ou à raison, le plus poëte.

J'allais de temps en temps à Bourges, ou bien Éverard venait de temps en temps à la Châtre. C'était toujours en vue de nous consulter sur le procès, mais le procès était la chose dont nous pouvions le

2

moins parler. J'avais la tête pleine
d'art, Éverard avait la tête pleine
de politique, Planet l'avait toujours
de socialisme. Duteil et le Malgache
faisaient de tout cela un pot pourri,
d'imagination, d'esprit, de divaga-
tion et de gaieté. Fleury discutait
avec ce mélange de bon sens et
d'enthousiasme qui se disputent sa
cervelle à la fois positive et romanesque. Nous nous chérissions trop
les uns les autres pour ne pas nous
quereller avec violence. Quelles
bonnes violences! entrecoupées de
tendres élans de cœur et de rires ho-
mériques! Nous ne pouvions nous
séparer, on oubliait de dormir, et
ces prétendus jours de repos nous
laissaient harassés de fatigue, mais

débarrassés du trop-plein d'imagination et de ferveur républicaine
qui s'entassait en nous dans les
heures de la solitude.

Enfin mon insupportable procès
fut appelé à Bourges. Je m'y ren-
dis, au commencement de juillet,
après avoir été chercher Solange
à Paris. Je voulais être encore une
fois en mesure de l'emporter en cas
d'échec. Quant à Maurice, mes
précautions étaient prises pour l'enlever un peu plus tard. J'étais toujours secrètement en révolte contre
la loi que j'invoquais ouvertement.
C'était fort illogique, mais la loi
l'était plus que moi, elle qui, pour
m'ôter ou me rendre mes droits

de mère, me forçait à vaincre tout
souvenir d'amitié conjugale, ou à
voir ces souvenirs outragés et mé-
connus dans le cœur de mon mari.
Ces droits maternels, la société peut
les annuler, et, en thèse générale,
elle les fait primer par ceux du
mari. La nature n'accepte pas de
tels arrêts, et jamais on ne per-
suadera à une mère que ses enfants
ne sont pas à elle plus qu'à leur
père. Les enfants ne s'y trompent
pas non plus.

Je savais les juges de Bourges
prévenus contre moi et circonvenus
par un système de propos fantas-
tiques sur mon compte. Ainsi, le
jour où je me montrai habillée

comme tout le monde dans la ville,
ceux des bourgeois qui ne m'y ren-
contrèrent pas demandèrent aux
autres s'il était vrai que j'avais des
pantalons rouges et des pistolets à
ma ceinture.

M. Dudevant voyait bien qu'avec
sa requête il avait fait fausse route.
On lui conseilla de se poser en
mari égaré par l'amour et la ja-
lousie. C'était un peu tard, et je
pense qu'il joua fort mal un rôle
que démentait sa loyauté naturelle.
On le poussa à venir le soir sous mes
fenêtres et jusqu'à ma porte, comme
pour solliciter une entrevue mystérieuse; mais ma conscience se ré-
volta contre une pareille comédie,

et après s'être promené de long en
large quelques instants dans la rue,
je le vis qui s'en allait en riant et
en haussant les épaules. Il avait
bien raison.

J'avais reçu l'hospitalité dans la
famille Tourangin, une des plus
honorables de la ville. Félix Tourangin, riche industriel et proche
parent de la famille Duteil, avait
deux filles, l'une mariée, l'autre
déjà majeure, et quatre fils, dont
les derniers étaient des enfants.
Agasta et son mari m'avaient ac-
compagnée. Rollinat, Planet et Papet nous avaient suivis. Les autres
nous rejoignirent bientôt; j'avais
donc tout mon cher Berry autour

de moi, car dès ce moment je m'at-
tachai à la famille Tourangin comme
si j'y avais passé ma vie. Le père
Félix m'appelait sa fille; Élisa, un
ange de bonté et une femme du
plus grand mérite et de la plus
adorable vertu, m'appelait sa sœur.
Je me faisais avec elle la mère des
petits frères. Leurs autres parents
venaient nous voir souvent et me
témoignaient le plus affectueux intérêt, même M. Mater, le premier
président, quand mon procès fut
terminé. Je vis arriver aussi, le
jour des débats, Émile Regnault,
un Sancerrois que j'avais aimé
comme un frère et qui avait épousé
contre moi je ne sais plus quelle
mauvaise querelle. Il vint me faire

amende honorable de torts que
j'avais oubliés.

L'avocat de mon mari, donnant
dans le système adopté, plaida,
comme je l'ai déjà dit d'avance,
l'amour de mon mari, et, tout en
offrant de faire hautement la preuve
de mes crimes, il m'offrit généreu-
sement le pardon après l'outrage.
Éverard fit ressortir avec une mer-
veilleuse éloquence l'inconséquence
odieuse d'une pareille philosophie
conjugale. Si j'étais coupable, il fallait commencer par me répudier,
et si je ne l'étais pas, il ne fallait
pas faire le généreux. Dans tous les
cas, la générosité était difficile à
accepter après la vengeance. Tout

l'édifice de l'amour tomba d'ailleurs devant des preuves. Il lut une lettre de 1831 où M. Dudevant me disait : « *J'irai à Paris; je ne descendrai pas chez vous, parce que je ne veux pas vous gêner, pas plus que je ne veux que vous me gêniez.* » L'avocat général en lut d'autres où la satisfaction de mon absence était si clairement exprimée, qu'il n'y avait pas à compter beaucoup sur cette tendresse posthume qui m'était offerte. Et pourquoi M. Dudevant se défendait-il de ne pas m'avoir aimée? Plus il disait de mal de moi, plus on était porté à l'absoudre. Mais proclamer à la fois cette affection et les prétendues causes qui m'en rendaient indigne, c'était jeter

dans les esprits le soupçon d'un
calcul intéressé qu'il n'eût sans
doute pas voulu mériter.

Il le sentit, car, sans attendre le
jugement, il se désista de son appel, et, la cour donnant acte de
ce désistement, le jugement de la
Châtre eut son plein effet sur le
reste de ma vie.

Nous reprîmes alors l'ancien traité
qu'il m'avait offert à Nohant et que
ses malheureuses irrésolutions m'a-
vaient forcée à rendre valide par
une année de luttes amères, inutiles s'il eût consenti à ne pas va-
rier.

Cet ancien traité, qui fit base pour le nouveau, lui attribuait le soin de payer et surveiller l'éducation de Maurice au collége. Sur ce point, du moment que nous retombions d'accord, je ne craignais plus d'être séparée de mon fils. Mais l'aversion de Maurice pour le collége pouvait revenir, et ce n'est pas sans peine que je me décidai à ne pas faire de réserves. Éverard, Duteil et Rollinat me remontrèrent que tout pacte devait entraîner réconciliation de cœur et d'esprit; qu'il y allait de l'honneur de mon mari d'employer une part du revenu que je lui faisais à payer l'éducation de son fils; que Maurice était bien portant, travaillait passa-

blement et paraissait habitué au régime universitaire; qu'il avait déjà
douze ans, et que dans bien peu
d'années la direction de ses idées
et le choix de sa carrière appar-
tiendraient fort peu à ses parents
et beaucoup à lui-même; que, dans
tous les cas, sa passion pour moi
ne devait guère m'inspirer d'inquiétude, et que madame Dudevant, la
baronne, n'aurait pas beau jeu à
vouloir m'enlever son cœur et sa
confiance. C'étaient de très-bonnes
raisons, auxquelles je cédai pourtant
à regret. J'avais le pressentiment
d'une nouvelle lutte. On me disait
en vain que l'éducation en commun
était nécessaire, fortifiante pour le
corps et pour l'esprit; il ne me sem-

blait pas qu'elle convînt à Maurice,
et je ne me trompais pas. Je cédai,
craignant de prendre pour la science
de l'instinct maternel une faiblesse
de cœur dangereuse à l'objet de ma
sollicitude. M. Dudevant ne paraissait vouloir élever aucune contestation sur l'emploi des vacances. Il
promettait de m'envoyer Maurice
aussitôt qu'elles seraient ouvertes, et
il tint parole.

J'embrassai l'excellente Élisa et sa
famille, qui m'avaient si bien aimée
à première vue, Agasta, qui, le matin de mon procès, avait été entendre la messe à mon intention, les
beaux enfants de la maison et les
braves amis qui m'avaient entourée

d'une sollicitude fraternelle. Je partis pour Nohant, où je rentrai définitivement avec Solange le jour
de Sainte-Anne, patronne du village.
On dansait sous les grands ormes,
et le son rauque et criard de la
cornemuse, si cher aux oreilles qu'il
a bercées dès l'enfance, eût pu me
paraître d'un heureux augure.

CHAPITRE ONZIÈME.

Je n'avais pourtant pas conquis la
moindre aisance. J'entrais, au contraire, je ne pouvais pas me le dis-
simuler, dans de grands embarras,
par suite d'un mode de gestion qu'à
plusieurs égards il me fallait changer, et de dettes qu'on laissait à ma

charge sans compensation immé-
diate. Mais j'avais la maison de mes
souvenirs pour abriter les futurs
souvenirs de mes enfants. A-t-on
bien raison de tenir tant à ces de-
meures pleines d'images douces et
cruelles, histoire de votre propre
vie, écrite sur tous les murs en
caractères mystérieux et indélébiles,
qui, à chaque ébranlement de l'âme,
vous entourent d'émotions profondes
ou de puériles superstitions? Je ne
sais; mais nous sommes tous ainsi
faits. La vie est si courte que nous
avons besoin, pour la prendre au
sérieux, d'en tripler la notion en
nous-mêmes, c'est-à-dire de ratta-
cher notre existence par la pensée
à l'existence des parents qui nous

ont précédés et à celle des enfants qui nous survivront.

Au reste, je n'entrais pas à No-hant avec l'illusion d'une oasis fi-nale. Je sentais bien que j'y appor-tais mon cœur agité et mon intel-ligence en travail.

Listz était en Suisse et m'enga-geait à venir passer quelque temps auprès d'une personne avec laquelle il m'avait fait faire connaissance et qu'il voyait souvent à Genève, où elle s'était établie pour quelque temps. C'était la comtesse d'Agoult, belle, gracieuse, spirituelle, et douée par-dessus tous ces avantages d'une intelligence supérieure. Elle m'appe-

lait aussi d'une façon fort aimable,
et je regardai ce voyage comme
une diversion utile à mon esprit
après les dégoûts de la vie positive
où je venais de me plonger. C'était
une très-bonne promenade pour mes
enfants et un moyen de les soustraire à l'étonnement de leur nouvelle position, en les éloignant des
propos et commentaires qui, dans
ce premier moment de révolution
intérieure, pouvaient frapper leurs
oreilles. Sitôt que les vacances me
ramenèrent Maurice, je partis donc
pour Genève avec lui, sa sœur et
Ursule.

Après deux mois de courses in-
téressantes et de charmantes rela-

tions avec mes amis de Genève,
nous revînmes tous à Paris. J'y passai quelque temps en hôtel garni,
ma mansarde du quai Malaquais
étant à peu près tombée en ruines
et le propriétaire ayant expulsé ses
locataires pour cause de réparations
urgentes. J'avais quitté cette chère
mansarde, déjà toute peuplée de mes
songes décevants et de mes profondes tristesses, avec d'autant plus de
regret que le rez-de-chaussée, mon
atelier solitaire, sorti de ses décom-
bres et redevenu un riche appartement, était occupé par une femme
excellente, la belle duchesse de Cay-
lus, mariée en secondes noces à
M. Louis de Rochemur. Ils avaient
deux petites filles adorables, et là

où il y a des enfants il est facile
de m'attirer. Je fus doucement rete-
nue chez eux, malgré ma sauvagerie, par une sympathie réelle in-
spirée et partagée. Je les voyais donc
très-souvent, ce voisinage allant à
mes habitudes sédentaires. Je n'avais
que l'escalier à descendre. C'est chez
eux que j'ai vu pour la première
fois M. de Lamartine. J'y rencontrai
aussi M. Berryer.

A l'hôtel de France, où madame
d'Agoult m'avait décidée à demeu-
rer près d'elle, les conditions d'existence étaient charmantes pour quelques jours. Elle recevait beaucoup
de littérateurs, d'artistes et quelques
hommes du monde intelligents. C'est

chez elle ou par elle que je fis connaissance avec Eugène Sue, le ba-
ron d'Ekstein, Chopin, Mickiewicz,
Nourrit, Victor Schoëlcher, etc. Mes
amis devinrent aussi les siens. Elle
connaissait de son côté M. Lamennais, Pierre Leroux, Henri Heine, etc.
Son salon improvisé dans une auberge était donc une réunion d'é-
lite qu'elle présidait avec une grâce
exquise et où elle se trouvait à la
hauteur de toutes les spécialités émi-
nentes par l'étendue de son esprit
et la variété de ses facultés à la
fois poétiques et sérieuses.

On faisait là d'admirable musique, et, dans l'intervalle, on pouvait s'instruire en écoutant causer.

Elle voyait aussi madame Marliani,
notre amie commune, tête passionnée, cœur maternel, destinée malheureuse parce qu'elle voulut trop
faire plier la vie réelle devant l'i-
déal de son imagination et les exigences de sa sensibilité.

Ce n'est pas ici le lieu d'une appréciation détaillée des diverses som-
mités intellectuelles qu'à partir de
cette époque j'ai plus ou moins
abordées. Il me faudrait embrasser
chacune d'elles dans une synthèse
qui me détournerait trop quant à
présent de ma propre histoire. Cela
serait beaucoup plus intéressant à
coup sûr, et pour moi-même et
pour les autres ; mais j'approche

de la limite qui m'est fixée, et je
vois qu'il me reste, si Dieu me prête
vie, beaucoup de riches sujets pour
un travail futur et peut-être pour
un meilleur livre.

Je n'avais ni le moyen de vivre
à Paris ni le goût d'une vie aussi
animée, mais je fus forcée d'y passer l'hiver : Maurice tomba malade.
Le régime du collége, auquel pendant une année il avait paru vouloir se faire, redevint tout à coup
mortel pour lui, et, après de petites
indispositions qui paraissaient sans
gravité, les médecins s'aperçurent
d'un commencement d'hypertrophie
au cœur. Je me hâtai de l'emmener
chez moi; je voulais l'emmener à

Nohant; M. Dudevant, alors à Paris, s'y opposa. Je ne voulus pas
lutter contre l'autorité paternelle,
quelques droits que j'eusse pu faire
valoir. Je devais avant tout à mon
fils de ne pas lui enseigner la révolte. J'espérai vaincre son père par
la douceur et lui faire toucher l'é-
vidence.

Cela fut très-difficile pour lui et
horriblement douloureux pour moi.
Les personnes qui ont le bonheur
de jouir d'une excellente santé ne
croient pas facilement aux maux
qu'elles ne connaissent point. J'écri-
vis à M. Dudevant, je le reçus, j'allai chez lui, je lui confiai Maurice
de temps en temps pour qu'il s'as-

surât de sa maladie : il ne voulait
rien entendre; il croyait à une con-
spiration de la tendresse maternelle
excessive caressant la faiblesse et la
paresse de l'enfance. Il se trompait
cruellement. J'avais fait contre les
pleurs de Maurice et contre mes
propres terreurs tous les efforts possibles. Je voyais bien qu'en se sou-
mettant l'enfant périssait. D'ailleurs,
le proviseur refusait d'assumer sur
lui la responsabilité de le reprendre. La méfiance de son père exas-
pérait la maladie de Maurice. Ce
qui lui était le plus sensible, à lui
qui n'avait jamais menti, c'était de
pouvoir être soupçonné de men-
songe. Chaque reproche sur sa pu-
sillanimité, chaque doute sur la

réalité de son mal, enfonçaient un
aiguillon dans ce pauvre cœur malade. Il empirait visiblement, il n'a-
vait plus de sommeil; il était quelquefois si faible qu'il me fallait le
porter dans mes bras pour le cou-
cher. Une consultation signée Le-
vrault, médecin du collége Henri IV,
Gaubert, Marjolin et Guersant (ces
deux derniers m'étaient inconnus et
ne pouvaient être soupçonnés de
complaisance), ne convainquit pas
M. Dudevant. Enfin, après quelques semaines de terreurs et de
larmes, nous fûmes réunis l'un à
l'autre pour toujours, mon enfant
et moi. M. Dudevant voulut le garder toute une nuit chez lui pour
se convaincre qu'il avait le délire

et la fièvre. Il s'en convainquit si
bien qu'il m'écrivit dès le matin
de venir vite le chercher. J'y courus. Maurice, en me voyant, fit un
cri, sauta pieds nus sur le carreau
et vint se cramponner à moi. Il
voulait s'en aller tout nu.

Nous partîmes pour Nohant dès
que la fièvre fut un peu calmée.
J'étais effrayée de l'éloigner des
soins de Gaubert, qui venait le voir
trois fois par jour; mais Gaubert
me criait de l'emmener. L'enfant
avait le mal du pays. Dans ses
songes agités, il criait, lui, *Nohant,
Nohant!!* d'une voix déchirante. C'é-
tait une idée fixe, il croyait que
tant qu'il ne serait pas là son père

viendrait le reprendre. « Cet enfant
ne respire que par votre souffle,
me disait Gaubert, vous êtes *son
arbre de vie*; vous êtes le médecin
qu'il lui faut. »

Nous fîmes le voyage en poste, à
courtes journées, avec Solange. Maurice recouvra vite un peu de sommeil et d'appétit; mais un rhuma-
tisme aigu dans tous les membres
et de violentes douleurs de tête revinrent souvent l'accabler. Il passa
le reste de l'hiver dans ma chambre, et pendant six mois nous ne
nous quittâmes pas d'une heure.
Son éducation classique dut être in-
terrompue ; il n'y avait aucun
moyen de le remettre aux études

du collége sans lui briser le cer-
veau.

Madame d'Agoult vint passer chez
moi une partie de l'année. Listz,
Charles Didier, Alexandre Rey et
Bocage y vinrent aussi. Nous eûmes
un été magnifique, et le piano du
grand artiste fit nos délices. Mais à
ce temps de soleil splendide, con-
sacré à un travail paisible et à de
doux loisirs, succédèrent des jours
bien douloureux.

Je reçus un jour, au milieu du
dîner, une lettre de Pierret qui me
disait : « Votre mère vient d'être
envahie subitement par une maladie très-grave. Elle le sent, et la

terreur de la mort empire son
mal. Ne venez pas avant quelques
jours. Il nous faut ce temps-là
pour la préparer à votre arrivée
comme à une chose étrangère à sa
maladie. Écrivez-lui comme si vous
ignoriez tout, et inventez un pré-
texte pour venir à Paris. » Le lendemain il m'écrivait : « Tardez encore un peu, elle se méfie. Nous
ne sommes pas sans espoir de la
sauver. »

Madame d'Agoult partait pour l'I-
talie. Je confiai Maurice à Gustave
Papet, qui demeurait à une demi-
lieue de Nohant; je laissai Solange
à mademoiselle Rollinat, qui faisait

son éducation à Nohant, et je courus chez ma mère.

Depuis mon mariage, je n'avais
plus de sujets immédiats de désaccord avec elle, mais son caractère
agité n'avait pas cessé de me faire
souffrir. Elle était venue à Nohant
et s'y était livrée à ses involontai-
res injustices, à ses inexplicables
susceptibilités contre les personnes
les plus inoffensives. Et pourtant,
dès ce temps-là, à la suite d'expli-
cations sérieuses, j'avais pris enfin
de l'ascendant sur elle. D'ailleurs,
je l'aimais toujours avec une passion
instinctive que ne pouvaient dé-
truire mes trop justes sujets de
plainte. Ma renommée littéraire

4.

produisait sur elle les plus étranges
alternatives de joie et de colère.
Elle commençait par lire les critiques malveillantes de certains jour-
naux et leurs insinuations perfides
sur mes principes et sur mes
mœurs. Persuadée aussitôt que tout
cela était mérité, elle m'écrivait ou
accourait chez moi pour m'accabler
de reproches, en m'envoyant ou
m'apportant un ramassis d'injures
qui, sans elle, ne fussent jamais
arrivées jusqu'à moi. Je lui deman-
dais alors si elle avait lu l'ouvrage
incriminé de la sorte. Elle ne l'a-
vait jamais lu avant de le condamner. Elle se mettait à le lire après
avoir protesté qu'elle ne l'ouvrirait
pas. Alors, tout aussitôt, elle s'en-

gouait de mon œuvre avec l'aveu-
glement qu'une mère peut y mettre, elle déclarait la chose sublime
et les critiques infâmes; et cela re-
commençait à chaque nouvel ouvrage.

Il en était ainsi de toutes choses
à tous les moments de ma vie.
Quelque voyage ou quelque séjour
que je fisse, quelque personne, vieille
ou jeune, homme ou femme, qu'elle
rencontrât chez moi, quelque chapeau que j'eusse sur la tête ou
quelque chaussure que j'eusse aux
pieds, c'était une critique, une tra-
casserie incessante qui dégénérait
en querelle sérieuse et en reproches
véhéments, si je ne me hâtais, pour

la satisfaire, de lui promettre que
je changerais de projets, de connaissances et d'habillements à sa
guise. Je n'y risquais rien, puisqu'elle oubliait dès le lendemain
le motif de son dépit. Mais il fallait beaucoup de patience pour affronter, à chaque entrevue, une
nouvelle bourrasque impossible à
prévoir. J'avais de la patience, mais
j'étais mortellement attristée de ne
pouvoir retrouver son esprit charmant et ses élans de tendresse qu'à
travers des orages perpétuels.

Elle demeurait depuis plusieurs
années, boulevard Poissonnière, n° 6,
dans une maison qui a disparu
pour faire place à la maison du

pont de fer. Elle y vivait presque
toujours seule, ne pouvant garder
huit jours une servante. Son petit
appartement était toujours rangé
par elle, nettoyé avec un soin mi-
nutieux, orné de fleurs et brillant
de jour ou de soleil. Elle logeait
en plein midi et tenait sa fenêtre
ouverte en été, à la chaleur, à la
poussière et au bruit du boulevard,
n'ayant jamais Paris assez dans sa
chambre. « Je suis Parisienne dans
l'âme, disait-elle. Tout ce qui
rebute les autres de Paris me plaît
et m'est nécessaire. Je n'y ai jamais
trop chaud, ni trop froid. J'aime
mieux les arbres poudreux du boulevard et les ruisseaux noirs qui
les arrosent que toutes vos forêts

où l'on a peur, et toutes vos riviè-
res où l'on risque de se noyer. Les
jardins ne m'amusent plus, ils me
rappellent trop les cimetières. Le
silence de la campagne m'effraye et
m'ennuie. Paris me fait l'effet d'être
toujours en fête, et ce mouvement
que je prends pour de la gaîté
m'arrache à moi-même. Vous savez
bien que le jour où il me faudra
réfléchir, je mourrai. » Pauvre
mère, elle réfléchissait beaucoup
dans ses derniers jours!

Bien que plusieurs de mes amis,
témoins de ses emportements ou de
ses malices contre moi, me repro-
chassent d'être trop faible de cœur
envers elle, je ne pouvais me dé-

fendre d'une vive émotion chaque
fois que j'allais la voir. Quelquefois
je passais sous sa fenêtre, et je
grillais de monter chez elle; puis,
je m'arrêtais, effrayée de l'algarade
qui m'y attendait peut-être; mais
je succombais presque toujours, et
lorsque j'avais eu la fermeté de
rester une semaine sans la voir, je
partais avec une secrète impatience
d'arriver. J'observais en moi la force
de cet instinct de la nature à l'é-
trange oppression que j'éprouvais
en voyant la porte de sa maison.
C'était une petite grille donnant
sur un escalier qu'il fallait descendre. Au bas demeurait un marchand de fontaines qui remplissait,
je crois, les fonctions de portier,

car de la boutique quelque voix
me criait toujours : « Elle y est,
montez! » On traversait une petite
cour et on montait un étage, puis
on suivait un couloir, et on montait encore trois autres étages. Cela
donnait le temps de la réflexion, et
la réflexion me revenait toujours
dans ce couloir sombre, où je me
disais : « Voyons, quelle figure
m'attend là-haut? bonne ou mauvaise? souriante ou bouleversée?
Que pourra-t-elle inventer aujour-
d'hui pour se fâcher? »

Mais je me rappelais le bon accueil qu'elle savait me faire quand
je la surprenais dans une bonne
disposition. Quel doux cri de joie,

quel brillant regard, quel tendre
baiser maternel! Pour cette excla-
mation, pour ce regard et pour ce
baiser, je pouvais bien affronter
deux heures d'amertume. Alors l'impatience me prenait, je trouvais
l'escalier insupportable, je le fran-
chissais rapidement; j'arrivais plus
émue encore qu'essoufflée, et mon
cœur battait à se rompre au moment où je tirais la sonnette. J'é-
coutais à travers la porte, et déjà
je savais mon sort, car lorsqu'elle
était de bonne humeur, elle reconnaissait ma manière de sonner, et
je l'entendais s'écrier en mettant la
main sur la serrure : « Ah! c'est
mon Aurore! » — Mais si elle était
dans des idées noires, elle ne re-

connaissait pas mon bruit, ou, ne
voulant pas dire qu'elle l'avait reconnu, elle criait : « *Qui est là?* »

Ce *Qui est là?* me tombait comme
une pierre sur la poitrine, et il fallait quelquefois bien du temps
avant qu'elle voulût s'expliquer ou
qu'elle pût se calmer. Enfin, quand
j'avais arraché un sourire, ou quand
Pierret arrivait bien disposé à
prendre mon parti, l'explication
violente tournait en gaîté, et je
l'emmenais dîner au restaurant et
passer la soirée au spectacle. Elle
appelait cela une partie de plaisir,
et elle s'en amusait comme dans sa
jeunesse. Elle était alors si charmante qu'il fallait tout oublier.

Mais en de certains jours il était impossible de s'entendre. C'était justement quelquefois ceux où l'accueil avait été le plus riant, où le coup de sonnette avait éveillé l'accent le plus tendre. Il lui passait par la tête de me retenir pour me taquiner, et comme je voyais venir l'orage, je m'esquivais, lassée ou froissée, redescendant tous les escaliers avec autant d'impatience que je les avais montés.

Pour donner une idée de ces étranges querelles de sa part, il me suffira de raconter celle-ci, qui prouve, entre toutes les autres, combien son cœur était peu com-

plice des voyages de son imagination.

J'avais au bras un bracelet de
cheveux de Maurice, blonds, nuan-
cés, soyeux, enfin d'un ton et d'une
finesse à ne pas douter qu'ils eussent appartenu à la tête d'un petit
enfant. On venait d'exécuter Alibaud,
et ma mère avait entendu dire
qu'il avait de longs cheveux. Je n'ai
jamais vu Alibaud, j'ai ouï dire
qu'il était très-brun; mais ne
voilà-t-il pas que ma pauvre mère,
qui avait la tête toute remplie de
ce drame, s'imagine que ce bracelet est   sa chevelure ! « La
preuve, me dit-elle, c'est que ton
ami Charles Ledru a plaidé la

cause de l'assassin. » A cette époque
je ne connaissais pas Charles Ledru,
pas même de vue; mais il n'y eut
aucun moyen de la dissuader. Elle
voulait me faire jeter au feu ce
cher bracelet, qui était toute la toison dorée du premier âge de Maurice, et qu'elle m'avait vu dix fois
au bras sans y faire attention. Je
fus obligée de me sauver pour
l'empêcher de me l'arracher. Je me
sauvais souvent en riant; mais, tout
en riant, je sentais de grosses larmes tomber sur mes joues. Je ne
pouvais m'habituer à la voir irritée
et malheureuse dans ces moments
où j'allais lui porter tout mon
cœur : mon cœur souvent navré
de quelque amertume secrète

qu'elle n'eût probablement pas su
comprendre, mais qu'une heure de
son amour eût pu dissiper.

La première lettre que j'avais
écrite en prenant la résolution de
lutter judiciairement contre mon
mari avait été pour elle. Son élan
vers moi fut alors spontané, complet, et ne se démentit plus. Dans
les voyages que je fis à Paris durant cette lutte, je la trouvai toujours parfaite. Il y avait donc près
de deux ans que ma pauvre petite
mère était redevenue pour moi ce
qu'elle avait été dans mon enfance.
Elle tournait un peu ses taquineries
vers Maurice, qu'elle eût voulu gouverner à sa guise et qui résistait

un peu plus que je n'aurais voulu. Mais elle l'adorait quand même, et j'avais besoin de la voir se livrer à ces petites frasques pour ne pas m'inquiéter de ce doux changement survenu en elle à mon égard. Il y avait des moments où je disais à Pierret : « Ma mère est adorable maintenant, mais je la trouve moins vive et moins gaie. Etes-vous sûr qu'elle ne soit pas malade? — Eh non, me répondait-il; elle est mieux portante, au contraire. Elle a enfin passé l'âge où on se ressent encore d'une grande crise, et à présent la voilà comme elle était dans sa jeunesse, aussi aimable et presque aussi belle. » C'était la vérité. Quand elle était un peu pa-

rée, et elle s'habillait à ravir, on
la regardait encore passer sur le
boulevard, incertain de son âge
et frappé de la perfection de ses
traits.

Au moment où, appelée par
cette terrible nouvelle de sa fin
prochaine, j'arrivais à Paris à la
fin de juillet, les derniers bulletins
m'avaient laissé pourtant grande espérance. J'accours, je descends l'escalier du boulevard, et je suis
arrêtée par le marchand de fontaines qui me dit : « Mais madame
Dupin n'est plus ici! » Je crus que
c'était une manière de m'annoncer
sa mort, et la fenêtre ouverte que
j'avais prise pour un bon augure

me revint à l'esprit comme le signe
d'un éternel départ. « Tranquilli-
sez-vous, me dit cet homme, elle
ne va pas plus mal. Elle a voulu
aller se faire soigner dans une
maison de santé, pour avoir moins
de bruit et un jardin. M. Pierret
a dû vous l'écrire. »

La lettre de Pierret ne m'était
pas parvenue. Je courus à l'adresse
qu'on m'indiquait, m'imaginant trouver ma mère en convalescence,
puisqu'elle se préoccupait de la
jouissance d'un jardin.

Je la trouvai dans une affreuse
petite chambre sans air, couchée
sur un grabat et si changée que

5.

j'hésitai à la reconnaître. Elle avait
cent ans. Elle jeta ses bras à mon
cou en me disant : « Ah! me voilà
sauvée. Tu m'apportes la vie! » Ma
sœur, qui était auprès d'elle, m'ex-
pliqua tout bas que le choix de
cet affreux domicile était une fantaisie de malade, et non une né-
cessité. Notre pauvre mère s'imaginant, dans ses heures de fièvre,
qu'elle était environnée de voleurs,
cachait un sac d'argent sous son
oreiller et ne voulait pas habiter
une meilleure chambre dans la
crainte de révéler ses ressources à
ces brigands imaginaires.

Il fallut entrer dans sa fantaisie
un instant; mais peu à peu j'en

triomphai. La maison de santé était
belle et vaste. Je louai le meilleur
appartement sur le jardin, et dès
le lendemain elle consentit à y être
transportée. Je lui amenai mon
cher Gaubert, dont la douce et
sympathique figure lui plut, et qui
réussit à lui persuader de suivre
ses prescriptions. Mais il m'emmena
ensuite au jardin pour me dire :
« Ne vous flattez pas, elle ne peut
pas guérir, le foie est affreusement
tuméfié. La crise des douleurs atroces est passée. Elle va mourir sans
souffrance. Vous ne pouvez que retarder un peu le moment fatal par
des soins moraux. Quant aux soins
physiques, faites absolument tout ce
qu'elle voudra. Elle n'a pas la force

de vouloir rien qui lui soit précisément nuisible. Mon rôle, à moi, est de lui prescrire des choses insignifiantes et d'avoir l'air de compter sur leur efficacité. Elle est impressionnable comme un enfant. Occupez son esprit de l'espoir d'une prochaine guérison. Qu'elle parte doucement et sans en avoir conscience. » — Puis il ajouta avec sa sérénité habituelle, lui qui était frappé à mort aussi, et qui le savait bien, quoiqu'il le cachât pieusement à ses amis : « Mourir n'est pas un mal ! »

Je prévins ma sœur, et nous n'eûmes plus qu'une pensée, celle de distraire et d'endormir les prévisions de

notre pauvre malade. Elle voulut
se lever et sortir. « C'est dangereux,
nous dit Gaubert, elle peut expirer
dans vos bras; mais retenir son
corps dans une inaction que son
esprit ne peut accepter est plus
dangereux encore. Faites ce qu'elle
désire. »

Nous habillâmes notre pauvre
mère et la portâmes dans une voiture de remise. Elle voulut aller
aux Champs-Élysées. Là, elle fut
un instant ranimée par le sentiment
de la vie qui s'agitait autour d'elle.
« Que c'est beau, nous disait-elle,
ces voitures qui font du bruit, ces
chevaux qui courent, ces femmes
en toilette, ce soleil, cette poussière

d'or! On ne peut pas mourir au
milieu de tout cela! non! à Paris
on ne meurt pas! » Son œil était
encore brillant et sa voix pleine.
Mais, en approchant de l'arc de
triomphe, elle nous dit en redeve-
nant pâle comme la mort : « Je
n'irai pas jusque-là. J'en ai assez. »
Nous fûmes épouvantées, elle semblait prête à exhaler son dernier
souffle. Je fis arrêter la voiture. La
malade se ranima. « Retournons,
me dit-elle; un autre jour nous
irons jusqu'au bois de Boulogne. »

Elle sortit encore plusieurs fois.
Elle s'affaiblissait visiblement, mais
la crainte de la mort s'évanouissait.
Les nuits étaient mauvaises et trou-

blées par la fièvre et le délire;
mais le jour elle semblait renaître.
Elle avait envie de manger de tout;
ma sœur s'inquiétait de ses fantai-
sies et me grondait de lui apporter
tout ce qu'elle demandait. Je gron-
dais ma sœur de songer seulement
à la contredire, et elle se rassurait,
en effet, en voyant notre pauvre
malade, entourée de fruits et de
friandises, se réjouir en les regar-
dant, en les touchant et en disant :
« J'y goûterai tout à l'heure. » Elle
n'y goûtait même pas. Elle en avait
joui par les yeux.

Nous la descendions au jardin,
et là, sur un fauteuil, au soleil,
elle tombait dans la rêverie, et

même dans la méditation. Elle attendait d'être seule avec moi pour
me dire à quoi elle pensait : « Ta
sœur est dévote, me disait-elle, et
moi je ne le suis plus du tout depuis que je me figure que je vais
mourir. Je ne veux pas voir la figure d'un prêtre, entends-tu bien?
Je veux, si je dois partir, que tout
soit riant autour de moi. Après
tout, pourquoi craindrais-je de me
trouver devant Dieu? Je l'ai toujours aimé. » Et elle ajoutait avec
une vivacité naïve : « *Il pourra bien
me reprocher tout ce qu'il voudra,
mais de ne pas l'avoir aimé, cela, je
l'en défie!* »

Soigner et consoler ma mère

mourante ne me fut pas accordé
sans lutte et sans distraction par le
destin qui me poursuivait. Mon
frère, qui agissait de la manière la
plus étrange et la plus contradic-
toire du monde, m'écrivit : « Je t'a-
vertis à l'insu de ton mari qu'il
va partir pour Nohant afin de t'enlever Maurice. Ne me trahis pas,
cela me brouillerait avec lui. Mais
je crois devoir te mettre en garde
contre ses projets. C'est à toi de
savoir si ton fils est réellement
trop faible pour rentrer au collège. »

Certes, Maurice était hors d'état
de rentrer au collège, et je craignais, sur ses nerfs ébranlés, l'effet

d'une surprise douloureuse et d'une
explication vive avec son père.

Je ne pouvais quitter ma mère.
Un de mes amis prit la poste,
courut à Ars, et conduisit Maurice
à Fontainebleau, où j'allai, sous un
nom supposé, l'installer dans une
auberge. L'ami qui s'était chargé
de me l'amener voulut bien rester
près de lui pendant que je reve-
nais auprès de ma malade.

J'arrivai à la maison de santé à
sept heures du matin. J'avais
voyagé la nuit pour gagner du
temps. Je vis la fenêtre ouverte. Je
me rappelai celle du boulevard, et
je sentis que tout était fini. J'avais

embrassé ma mère l'avant-veille
pour la dernière fois, et elle m'a-
vait dit : « Je me sens très-bien et
j'ai à présent les idées les plus
agréables de toute ma vie. Je me
mets à aimer la campagne, que je
ne pouvais pas souffrir. Cela m'est
venu dans ces derniers temps, en
coloriant des lithographies pour
m'amuser. C'était une belle vue de
Suisse, avec des arbres, des mon-
tagnes, des chalets, des vaches et des
cascades. Cette image-là me revient
toujours, et je la vois bien plus
belle qu'elle n'était. Je la vois
même plus belle que la nature.
Quand je ferme les yeux, je vois
des paysages dont tu n'as pas d'idée,
et que tu ne pourrais pas décrire ;

c'est trop beau, c'est trop grand!
Et cela change à toute minute
pour devenir toujours plus beau. Il
faudra que j'aille à Nohant faire des
grottes et des cascades dans le petit
bois. A présent que Nohant n'ap-
partient plus qu'à toi, je m'y plai-
rai. Tu vas partir dans une quinzaine, n'est-ce pas? Eh bien, je
veux m'en aller avec toi. »

Ce jour-là il faisait une chaleur
écrasante, et Gaubert nous avait
dit : « Tâchez qu'elle ne veuille
pas sortir en voiture, à moins qu'il
ne pleuve. » La chaleur redoublant,
j'avais fait semblant d'aller chercher
une voiture et j'étais rentrée disant
qu'il était impossible d'en trouver.

— « Au fait, cela m'est égal, avait-elle dit. Je me sens si bien que je n'ai plus envie de me déranger. Va-t'en voir Maurice. Quand tu reviendras, je suis sûre que tu me trouveras guérie. »

Le lendemain elle avait été parfaitement tranquille. A cinq heures de l'après-midi, elle avait dit à ma sœur : « Coiffe-moi, je voudrais être bien coiffée. » Elle s'était regardée au miroir, elle avait souri. Sa main avait laissé retomber le miroir, et son âme s'était envolée. Gaubert m'avait écrit sur-le-champ, mais je m'étais croisée avec sa lettre. J'arrivais pour la trouver *guérie* en effet, guérie de l'effroyable fatigue

et de la tâche cruelle de vivre en
ce monde.

Pierret ne pleura pas. Comme
Deschartres auprès du lit de mort
de ma grand'mère, il semblait ne
pas comprendre qu'on pût se séparer pour jamais. Il l'accompagna
le lendemain au cimetière et revint
en riant aux éclats. Puis il cessa
brusquement de rire et fondit en
larmes.

Pauvre excellent Pierret! Il ne se
consola jamais. Il retourna au
Cheval blanc, à sa bière et à sa
pipe. Il fut toujours gai, brusque,
étourdi, bruyant. Il vint me voir à
Nohant l'année suivante. C'était tou-

jours le même Pierret à la surface.
Mais, tout d'un coup, il me disait :
« Parlons donc un peu de votre
mère ! Vous souvenez-vous..... » et
alors il se remémorait tous les détails de sa vie, toutes les singula-
rités de son caractère, toutes les
vivacités dont il avait été la victime
volontaire, et il citait ses mots, il
rappelait ses inflexions de voix, il
riait de tout son cœur : et puis il
prenait son chapeau et s'en allait
sur une plaisanterie. Je le suivais
de près, voyant bien l'excitation ner-
veuse qui l'emportait, et je le trouvais sanglotant dans un coin du jardin.

Aussitôt après la mort de ma mère,
je retournai à Fontainebleau, où

XX. 6

je passai quelques jours tête à tête
avec Maurice. Il se portait bien, la
chaleur avait dissipé les rhumatismes. Gaubert, qui vint l'y voir,
ne le trouvait cependant pas guéri.
Le cœur avait encore des batte-
ments irréguliers. Il fallait la conti-
nuation du régime, l'exercice conti-
nuel et pas la moindre fatigue
d'esprit. Nous nous levions avec le
jour et nous partions jusqu'à la
nuit sur de petits chevaux de
louage, tous deux seuls, allant à
la découverte dans cette admirable
forêt pleine de sites imprévus, de
productions variées, de fleurs splen-
dides et de papillons merveilleux
pour mon jeune naturaliste, qui
pouvait se livrer à l'observation et

à la chasse en attendant l'étude. Il
avait le goût de cette science et
celui du dessin depuis qu'il était au
monde. C'était un préservatif contre
l'ennui d'une inaction forcée que
de jouir de la nature comme il
savait déjà en jouir.

Mais à peine étais-je remise de
la crise qui venait de m'ébranler,
qu'une alerte nouvelle vint me surprendre. M. Dudevant avait été en
Berry, et n'y trouvant pas Maurice,
il avait emmené Solange.

Comment avait-il pu s'imaginer
que j'avais soustrait Maurice à sa
velléité de le reprendre, pour lui
jouer un mauvais tour? Je ne pré-

6.

tendais le lui cacher que le temps nécessaire pour laisser passer la mauvaise disposition que mon frère
m'avait signalée. J'espérais toujours
arriver à ce à quoi je suis arrivée
plus tard, à m'entendre avec lui
sur ce qui était avantageux, nécessaire à l'éducation et à la santé de
notre fils. Qu'au lieu d'aller le
chercher en Berry mystérieusement
et en mon absence, il me l'eût ré-
clamé ouvertement, je l'aurais soumis devant lui à l'examen de médecins choisis par lui, et il se fût
convaincu de l'impossibilité de le
remettre au collége.

Quoi qu'il en soit, il crut tirer
une vengeance légitime de ce

qui n'était chez moi qu'une inquiétude irrésistible, de ce qui à
ses yeux fut un désir de le blesser.
Quand l'âme est aigrie, elle se
croit fondée à avoir les torts qu'elle
suppose aux autres.

Jamais M. Dudevant n'avait té-
moigné le moindre désir d'avoir Solange près de lui. Il avait coutume
de dire : « Je ne me mêle pas de
l'éducation des filles, je n'y entends
rien. » S'entendait-il davantage à
celle des garçons? Non, il avait
trop de rigidité dans la volonté
pour supporter les inconséquences
sans nombre, les langueurs et les
entraînements de l'enfance. Il n'a
jamais aimé la contradiction, et

qu'est-ce qu'un enfant, sinon la
contradiction vivante de toutes les
prévisions et intentions paternelles ?
D'ailleurs, ses instincts militaires ne
le portaient pas à s'amuser de ce
que l'enfance a d'ennuyeux et d'im-
patientant pour toute autre indul-
gence que celle d'une mère.

Il n'avait donc d'autre projet à
l'égard de Maurice que celui d'en
faire un collégien et plus tard un
militaire, et en enlevant Solange il
n'avait pas d'autre intention, il me
l'a dit lui-même ensuite, que celle
de me la faire chercher.

J'aurais dû me le dire à moi-

même et me tranquilliser; mais
les circonstances de cet enlèvement
se présentèrent à mon esprit d'une
manière poignante, et, dans la réalité, elles avaient été plus dramatiques que de besoin. La gouver-
nante avait été frappée et ma
pauvre petite, épouvantée, avait été
emmenée de force en poussant des
cris dont toute la maison était encore consternée. Solange n'avait
pourtant pas été prévenue par moi
contre son père, comme il se l'ima-
ginait. Pendant la lutte avec Marie-
Louise Rollinat et madame Rollinat
la mère, qui se trouvait là, elle
s'était jetée aux genoux de son
père en criant : « Je t'aime, mon
papa, je t'aime, ne m'emmène pas ! »

La pauvre enfant, ne sachant rien,
ne comprenait rien.

Les lettres qui me racontaient
cette nouvelle aventure me don-
nèrent la fièvre. Je courus à Paris, je confiai Maurice à mon ami
M. Louis Viardot, j'allai trouver le
ministre, je me mis en règle; je
me fis accompagner d'un autre ami
et du maître clerc de mon avoué,
M. Vincent, un excellent jeune
homme, plein de cœur et de zèle,
aujourd'hui avocat. Je partis en
poste, courant jour et nuit vers
Guillery. Pendant ces deux journées
de préparatifs, le ministre, M. Bar-
the, avait eu l'obligeance de faire

jouer le télégraphe; je savais où
était ma fille.

Madame Dudevant était morte
un mois auparavant. Elle n'avait pu
frustrer mon mari de l'héritage de
son père. Elle lui laissait quelques
charges qui lui valurent une douzaine
de procès et la terre de Guillery,
dont il avait déjà pris possession.
Que Dieu fasse paix à cette malheureuse femme! Elle avait été bien
coupable envers moi, bien plus
que je ne veux le dire. Faisons
grâce aux morts! Ils deviennent
meilleurs, je l'espère, dans un
monde meilleur. Si les justes res-
sentiments de celui-ci peuvent leur
en retarder l'accès, il y a long-

temps que j'ai crié : « Ouvrez-lui,
mon Dieu. »

Et que savons-nous du repentir
au lendemain de la mort? Les or-
thodoxes disent qu'un instant de
contrition parfaite peut laver l'âme
de toutes ses souillures, même au
seuil de l'éternité. Je le crois avec
eux; mais pourquoi veulent-ils
qu'aussitôt après la séparation de
l'âme et du corps, cette douleur
du péché, cette expiation suprême,
cesse d'être possible? Est-ce que
l'âme a perdu, selon eux, sa lumière et sa vie en montant vers le
tribunal où Dieu l'appelle pour la
juger? Ils ne sont point consé-
quents, ces catholiques qui regar-

dent la misérable épreuve de cette
vie comme définitive, puisqu'ils ad-
mettent un purgatoire où l'on
pleure, où l'on se repent, où l'on
prie.

J'arrivai à Nérac, je courus chez
le sous-préfet, M. Haussman, aujourd'hui préfet de la Seine. Je ne
me rappelle pas s'il était déjà le
beau-frère de mon digne ami
M. Artaud. Ce dernier a épousé sa
sœur. Je sais que j'allai lui demander aide et protection, et qu'il
monta sur-le-champ dans ma voiture pour courir à Guillery, qu'il
me fit rendre ma fille sans bruit
et sans querelle, qu'il nous ramena

à la sous-préfecture avec mes com-
pagnons de voyage, et qu'il ne
voulut pas nous permettre de retourner à l'auberge, ni de partir
avant deux jours de repos, de paisibles promenades sur la jolie rivière de Beïse et le long des ri-
ves où la tradition place les jeunes
amours de Florette et de Henri IV.
Il me fit dîner avec d'anciens amis
que je fus heureuse de retrouver,
et je me souviens que l'on causa
beaucoup philosophie, terrain neu-
tre en comparaison de celui de la
politique, où le jeune fonctionnaire
ne se fût pas trouvé d'accord avec
nous. C'était un esprit sérieux, avide
de creuser le problème général;
mais un savoir-vivre exquis l'em-

pêcha de soulever aucune question délicate.

Je me souviens aussi que j'étais si peu versée dans la philosophie moderne à cette époque, que j'é-coutai sans trouver rien à dire, et qu'au retour je disais à mon com-pagnon de route : « Vous avez dis-cuté avec M. Haussman sur des matières où je n'entends rien du tout. Je n'ai, par rapport aux cho-ses présentes, que des sentiments et des instincts. La science des idées nouvelles a des formules qui me sont étrangères et que je n'ap-prendrai probablement jamais. Il est trop tard. J'appartiens par l'esprit à une génération qui a

déjà fait son temps. » Il m'assura
que je me trompais et que, quand
j'aurais mis le pied dans un certain
cercle de discussion, je ne pourrais plus m'en arracher. Il se trompait aussi un peu, mais il est certain que je ne devais pas tarder à
m'y intéresser vivement.

Huit mois se passèrent encore
avant que j'eusse la tranquillité nécessaire à ce genre d'études.

M. Dudevant ayant hérité d'un
revenu qu'il avouait être de 1,200 fr.
et qui devait bientôt augmenter du
double, il ne me semblait pas juste
qu'il continuât à jouir de la moitié du mien. Il en jugea autrement,

et il fallut discuter encore. Je ne
me serais pas donné tant de peine
pour une question d'argent, si j'a-
vais pu être certaine de suffire à
l'éducation de mes deux enfants.
Mais le travail littéraire est si
éventuel, que je ne voulais pas
soumettre leur existence aux chances de mon métier : banqueroute
d'éditeurs, banqueroute de succès
ou de santé. Je voulais amener mon
mari à ne plus s'occuper de Maurice, et il y paraissait disposé. Puisqu'il se croyait trop gêné pour
payer son entretien sans mon aide,
je lui proposai de m'en charger
moi-même, et il accepta enfin cette
solution par un contrat définitif,
en 1838. Il me fit demander une

somme de cinquante mille francs
moyennant laquelle il me rendit la
jouissance de l'hôtel de Narbonne,
patrimoine de mon père, et celle
beaucoup plus précieuse de garder
et gouverner mes deux enfants
comme je l'entendrais. Je vendis le
coupon de rente qui avait constitué
en partie la pension de ma mère;
nous signâmes cet échange, enchan-
tés l'un et l'autre de notre lot[1].

Quant à l'argent, le mien ne va-
lait pas grand'chose, eu égard au
présent. Le collége de Narbonne,

[1] Depuis ce temps nous n'avons eu ensemble
que de bons rapports. Il est venu à Nohant pour
le mariage de ma fille.

maison historique fort vieille, avait
été si peu entretenu et réparé, qu'il
me fallut y dépenser près de cent
mille francs pour le remettre en
bon rapport. Je travaillai dix ans
pour payer cette somme et faire
de cette maison la dot de ma fille.

Mais, au milieu des grands embarras que me suscitèrent mes petites propriétés, je ne perdis pas
courage. J'étais devenue à la fois
père et mère de famille. C'est
beaucoup de fatigue et de souci
quand l'héritage n'y suffit pas, et
qu'il faut exercer une industrie
absorbante comme l'est celle d'écrire
pour le public. Je ne sais ce que
je serais devenue si je n'avais pas

XX.   7

eu, avec la faculté de veiller beaucoup, l'amour de mon art qui me
ranimait à toute heure. Je commençai à l'aimer le jour où il
devint pour moi, non plus une né-
cessité personnelle, mais un devoir
austère. Il m'a, non pas consolée,
mais distraite de bien des peines,
et arrachée à bien des préoccupations.

Mais que de préoccupations diverses, pour une tête sans grande
variété de ressources, que ces extrêmes de la vie dont il fallut
m'occuper simultanément dans ma
petite sphère! Le respect de l'art,
les obligations d'honneur, le soin
moral et physique des enfants qui

passe toujours avant le reste, le
détail de la maison, les devoirs de
l'amitié, de l'assistance et de l'obligeance! Combien les journées sont
courtes pour que le désordre ne
s'empare pas de la famille, de la
maison, des affaires ou de la cervelle! J'y ai fait de mon mieux, et
je n'y ai fait que ce qui est possible à la volonté et à la foi. Je
n'étais pas secondée par une de ces
merveilleuses organisations qui em-
brassent tout sans effort et qui
vont sans fatigue du lit d'un enfant
malade à une consultation judiciaire, et d'un chapitre de roman
à un registre de comptabilité. J'a-
vais donc dix fois, cent fois plus
de peine qu'il n'y paraissait. Pen-

7.

dant plusieurs années je ne m'accordai que quatre heures de sommeil; pendant beaucoup d'autres années je luttai contre d'atroces migraines jusqu'à tomber en défaillance sur mon travail, et toutes choses n'allèrent pourtant pas toujours au gré de mon zèle et de mon dévouement.

D'où je conclus que le mariage doit être rendu aussi indissoluble que possible; car, pour mener une barque aussi fragile que la sécurité d'une famille sur les flots rétifs de notre société, ce n'est pas trop d'un homme et d'une femme, un père et une mère se partageant la tâche, chacun selon sa capacité.

Mais l'indissolubilité du mariage n'est possible qu'à la condition d'être volontaire, et, pour la rendre volontaire, il faut la rendre possible.

Si, pour sortir de ce cercle vicieux, vous trouvez autre chose que la religion de l'égalité de droits entre l'homme et la femme, vous aurez fait une belle découverte.

CHAPITRE DOUZIÈME.

Deux circonstances portent ma pensée, en cet endroit de mon récit, sur deux des hommes les plus remarquables de notre temps. Ces deux à-propos sont la mort de Carrel, qui eut lieu presque le même jour que mon procès à Bourges, en

1836, et la question du mariage,
que je viens d'effleurer à propos
de ma propre histoire. C'est de
M. Émile de Girardin qu'il s'a-
git. M. de Girardin journaliste,
M. de Girardin législateur, dirai-je
M. de Girardin politique et philo-
sophique? Le titre de journaliste
embrasse peut-être tous les autres.

Jusqu'à ce jour, le dix-neuvième
siècle a eu deux grands journalistes,
Armand Carrel, Émile de Girardin.
Par une mystérieuse et poignante
fatalité, l'un a tué l'autre, et, chose
plus frappante encore, le vainqueur
de ce déplorable combat, jeune
alors et en apparence inférieur au
vaincu sous le rapport de l'éten-

due du talent, est arrivé à le dé-
passer de toute l'étendue du progrès qui s'est accompli dans les
idées générales et qui s'est fait en
lui-même. Si Carrel eût vécu, eût-il
subi la loi de ce progrès? Espé-
rons-le; mais soyons sans préven-
tion, et avouons que, fût-il resté ce
qu'il était à la veille de sa mort,
il nous paraîtrait, je parle à ceux
qui voient comme moi, singulière-
ment arriéré.

Émile de Girardin ne s'est pas
arrêté dans sa marche, bien qu'il
ait paru, qu'il ait peut-être été emporté par des courants contraires
en de certains élans de sa ligne as-
cendante.

Si bien que, sans dire une énor-
mité, ni chercher un paradoxe, on
pourrait entrevoir un incompréhen-
sible dessein de la Providence, non
pas dans ce fait douloureux et à
jamais regrettable de la mort de
Carrel, mais dans cet héritage de
son génie recueilli précisément par
son adversaire consterné.

Quel eût été le rôle de Carrel
en 1848? Cette question s'est souvent posée dans nos esprits à cette
époque. Mes souvenirs me le pré-
sentaient comme l'ennemi né du
socialisme. Les souvenirs de mes
amis combattaient le mien, et la
fin de nos commentaires était
qu'ayant un grand cœur, il aurait

pu être illuminé de quelque grande
lumière.

Mais il est certain qu'en 1847
Émile de Girardin était, relativement au mouvement accompli dans
les esprits et dans le sien propre
depuis dix ans, ce qu'était Armand
Carrel dix ans auparavant.

Il l'a dépassé depuis, relativement et réellement : il l'a immen-
sément dépassé.

Ce n'est pas un vain parallèle
que je veux établir ici entre deux
caractères très-opposés dans leurs
instincts et deux talents très-diffé-
rents dans leurs manières. C'est un

rapprochement qui me frappe, qui
m'a frappée souvent et qui me
semble amené par la fatalité des si-
tuations.

Carrel, sous la république, se fût
prononcé pour la présidence, à
moins que Carrel n'eût bien changé!
Carrel eût peut-être été président
de la république. M. de Girardin
eût probablement soutenu un autre
candidat; mais ce n'est pas la question de l'institution qui les eût di-
visés.

Jusque-là, sans s'en apercevoir,
M. de Girardin n'avait donc pas été
plus loin que Carrel; mais personne dans nos rangs ne s'aperce-

vait que Carrel n'avait pas été plus
loin que M. de Girardin.

Je n'ai pas connu particulière-
ment Carrel. Je ne lui ai jamais
parlé, bien que je l'aie rencontré
souvent; mais je me rappellerai toute
ma vie une heure de conversation
entre Éverard et lui, à laquelle
j'assistai sans qu'il me vît. Je lisais
dans l'embrasure d'une fenêtre, le
rideau était tombé de lui-même sur
moi lorsqu'il entra. Ils parlèrent du
peuple. Je fus abasourdie. Carrel n'a-
vait pas la notion du progrès! Ils
ne furent pas d'accord. Éverard
l'influença, puis, à son tour, il fut
influencé par lui. Le plus faible

entraîna le plus fort, cela se voit souvent.

Après avoir parcouru bien des horizons depuis ce jour-là, Éverard, en 1847, était revenu s'enfermer dans l'horizon limité de Carrel.

En voyant ces fluctuations des grands esprits, les partisans s'alarment, s'étonnent ou s'indignent. Les plus impatients crient à la défection, à la trahison. Les derniers jours de Carrel furent empoisonnés par ces injustices. Éverard réagit et lutta jusqu'à sa fin contre des soupçons amers. M. de Girardin, plus accusé, plus insulté, plus haï encore par toutes les nuances des partis, est seul resté debout. Il est

aujourd'hui, en France, le cham-
pion des théories les plus auda-
cieuses et les plus généreuses sur
la liberté. Ainsi le voulait la destinée en le douant d'une force supérieure à celle de ses adversaires.

Il faudrait pouvoir retrancher de
nos mœurs politiques la préven-
tion, l'impatience et la colère. Les
idées que nous poursuivons ne trou-
veront leur triomphe que dans des
consciences équitables et généreuses.
Qu'un homme comme Carrel ait
été outragé et navré par des lettres
de reproches et de menaces im-
pies, que tant d'autres, également
purs, aient été accusés d'ambition
cupide ou de lâcheté de caractère,

c'est, dit-on, l'inévitable écume qui
court sur le flot débordé des passions. On ajoute qu'il faut en prendre son parti et que toute révolution est à ce prix amer.

Eh bien, non, n'en prenons plus
notre parti. Excusons ces égarements inévitables dans le passé, ne
les acceptons plus pour l'avenir.
Disons-nous une bonne fois qu'aucun parti, même le nôtre, ne gou-
vernera longtemps par la haine,
la violence et l'insulte. N'admettons
plus que les républiques doivent
être ombrageuses et les dictatures
vindicatives. Ne rêvons plus le progrès à la condition d'y marcher en
nous soupçonnant, en nous flagel-

lant les uns les autres. Laissons au
passé ses ténèbres, ses emportements, ses grossièretés. Admettons
que les hommes qui ont fait de
grandes choses, ou qui ont eu seulement de grandes idées ou de
grands sentiments, ne doivent pas
être accusés à la légère et qu'ils
doivent toujours l'être avec mesure.
Soyons assez intelligents pour apprécier ces hommes au point de
vue de l'ensemble de l'histoire;
voyons leur puissance et ses limites
naturelles, fatales. Vouloir qu'à toutes les heures de sa vie un homme
supérieur réponde à l'idéal qu'il
nous a fait entrevoir, c'est faire le
procès à Dieu même, qui a créé
l'homme incertain et limité. Que

nos suffrages, dans un état libre,
ne se portent pas sur celui dont, à
une certaine heure l'esprit défaille,
hésite ou s'égare, c'est notre droit.
Mais, en l'éloignant pour un instant
de notre route, rendons-lui encore
hommage en songeant que demain
peut-être nos destins auront besoin
de l'homme qui s'est reposé dans le
scrupule ou dans la prudence[1].

Quand nos mœurs politiques auront fait ce progrès, quand les luttes de la popularité n'auront plus
pour armes l'injure, l'ingratitude et
la calomnie, nous ne verrons plus
de défections importantes, soyez-en
certains. Les défections sont presque

[1] C'est ainsi qu'il faut juger M. Lamartine.

toujours des réactions de l'orgueil blessé, des actes de dépit. Ah! je l'ai vu cent fois! Tel homme qui, respecté et ménagé dans son caractère, eût marché dans le droit chemin, s'est violemment séparé de ses coreligionnaires à cause d'une parole blessante, et les plus grands caractères ne sont pas à l'abri de la cuisante blessure d'une attaque contre l'honneur, ou seulement d'une critique brutale contre leur sagesse. Je ne peux pas citer les exemples trop rapprochés de nous, mais vous en avez certainement vu vous-même, quel que soit votre milieu. De funestes déterminations ont dû être prises devant vous, qui tenaient à un fil bien délié!

Et cela n'est-il pas dans la nature
humaine? On devient insensiblement
l'ennemi de l'homme qui s'est dé-
claré votre ennemi. S'il s'acharne,
quelle que soit votre patience, vous
arrivez peu à peu à le croire aveugle et injuste en toutes choses, du
moment qu'il est injuste et aveugle
envers vous. Ses idées mêmes vous
deviennent antipathiques en même
temps que son langage. Vous dif-
fériez sur quelques points au début,
et voilà que les croyances même
qui vous étaient communes vous
apparaissent douteuses, du moment
qu'il leur a donné des formules
qui semblent être la critique ou la
négation des vôtres. Vous partez
d'un jeu de mots et vous finissez

par du sang. Les duels n'ont souvent pas d'autre cause, et il y a des duels de parti à parti qui ensanglantent la place publique.

Quel est le plus grand coupable dans ces funestes embrasements de l'histoire? Le premier qui dit à son frère *Raca*. Si Abel eût dit le premier cette parole à Caïn, c'est lui que Dieu eût puni comme le premier meurtrier de la race humaine.

Ces réflexions qui m'entraînent ne sont pas hors de propos quand je me rappelle la mort de Carrel, la douleur d'Éverard et la haine de notre parti contre M. de Girardin. Si nous eussions été justes, si

nous eussions reconnu que M. de
Girardin ne pouvait pas refuser de
se battre sérieusement avec Carrel,
comme il était pourtant bien facile
de s'en convaincre en examinant les
faits; si, après avoir traité Carrel
d'esprit lâche et poltron, on n'eût
pas traité son adversaire de spadas-
sin et d'assassin, il ne nous eût pas
fallu vingt ans pour nous emparer
de notre bien légitime, c'est-à-dire du
secours de cette grande puissance
et de cette grande lumière qu'Émile
de Girardin portait en lui, et devait porter tout seul sur le chemin qui conduit à notre but commun.

Que de méfiances et de préventions contre lui! Je les ai subies, moi aussi; non pas pour ce fait du duel, d'où, dangereusement blessé lui-même, il remporta la blessure plus profonde encore d'une irréparable douleur : quand des voix ardentes s'élevaient autour de moi pour s'écrier : « Quoi qu'il y ait, on ne tue pas Carrel! on ne doit pas tuer Carrel! » je me rappelais que M. de Girardin, ayant essuyé le feu de M. Degouve-Dennuques, avait refusé de le viser, et que cet acte, digne de Carrel parce qu'il était chevaleresque, avait été considéré comme une injure parce qu'il venait d'un ennemi politique. Quant à la cause du duel, il est impossible que les témoins eussent pu la

trouver suffisante, si Carrel ne les
y eût contraints par son obstina-
tion. Sans aucun doute, Carrel était
aigri et voulait arracher une hu-
miliation plutôt qu'une réparation.
Encore était-ce la réparation d'un
tort peut-être imaginaire. — Quant
aux suites du duel, elles furent
navrantes et honorables pour M. de
Girardin. Il fut insulté par les amis
de Carrel, et pour toute vengeance
il porta le deuil de Carrel.

Ce n'était donc pas là le motif
de notre antipathie, et Éverard lui-
même, en pleurant Carrel qu'il
chérissait, rendait justice à la
loyauté de l'adversaire, quand il était
de sang-froid. Mais il nous semblait

voir, dans ce génie pratique qui
commençait à se révéler, l'ennemi
né de nos utopies. Nous ne nous
trompions pas. Un abîme nous sé-
parait alors. Nous sépare-t-il encore? Oui, sur des questions de
sentiment, sur des rêves d'idéal;
et, quant à moi, sur la question du
mariage, après mûre réflexion, je
n'hésite pas à le dire : M. de Girardin socialiste, c'est-à-dire touchant aux questions vitales de la
famille dans un livre admirable
quant à la politique et à l'esprit
des législations, laisse dans l'ombre
ou jette dans de téméraires aperçus ce grand dogme de l'amour
et de la maternité. Il n'admet
qu'une mère et des enfants dans

la constitution de la famille. J'ai
dit plus haut, je dirai encore ailleurs, toujours et partout, qu'il
faut un père et une mère.

Mais une discussion nous mène-
rait trop loin, et tout ceci est une
digression à mon histoire. Je ne la
regrette pas, et je ne la retranche
pas; mais il faut que, remettant
encore à un autre cadre l'appréciation de cette nouvelle figure historique, apparue un instant dans mon
récit, je résume ce peu de pages.

Carrel disparut, emporté par la
destinée, et non pas immolé par
un ennemi. Un grand journaliste,
c'est-à-dire un de ces hommes de
synthèse qui font, au jour le jour,

l'histoire de leur époque en la rat-
tachant au passé et à l'avenir, à
travers les inspirations ou les lassi-
tudes du génie, laissa tomber le
flambeau qu'il portait dans le
sang de son adversaire et dans le
sien propre. L'adversaire lava ce
sang de ses larmes et ramassa le
flambeau. Le tenir élevé n'était pas
chose facile après une telle ca-
tastrophe. La lumière vacilla longtemps dans ses mains éperdues. Le
souffle des passions a pu l'obscurcir
ou la faire dévier; mais elle devait
vivre, et nous eussions dû la saluer
plus tôt. Nous ne l'avons pas fait, et
elle a vécu quand même. La mission de l'héritier de Carrel s'est
ennoblie dans la tempête. Au jour

des catastrophes elle a été chevaleresque et généreuse. Un moment
est venu où lui seul a pu montrer,
en France, le courage et la foi
que Carrel eût sans doute été forcé
de refouler au fond de son cœur,
puisque Carrel n'eût pu se défen-
dre du devoir de saisir, à un moment donné, le pouvoir pour son
compte. M. de Girardin a eu le
rare bonheur de n'y pas être con-
traint. C'est quelquefois un grand
bonheur aussi [1].

---

[1] Au moment où je corrige ces épreuves, une
douloureuse nouvelle vient me frapper. Madame de
Girardin est morte, elle que je laissais malade il y
a un mois, mais encore rayonnante de beauté,
d'intelligence, de grâce et de bonté : car elle était
bonne, bien vraiment bonne ! Tout le monde sait

Revenons à Éverard. Trois ans
s'étaient écoulés depuis qu'Éverard
avait pris une grande influence morale sur mon esprit. Il la perdit
pour des causes que je n'ai pas
attendu jusqu'à ce jour pour oublier.
Oublier est bien le mot, car la net-

qu'elle avait du génie; mais cette tendresse délicate, cette fibre d'exquise maternité que ses ouvrages dramatiques venaient de révéler, ses amis
seuls la connaissaient déjà. Pour moi, j'ai été à
même de l'apprécier profondément. Elle a pleuré
avec nous la plus douloureuse des pertes, celle d'un
enfant adoré, et pleuré si naïvement, si ardem-
ment! Elle n'avait pourtant pas été mère, et ce
n'est pas l'intelligence toute seule qui révèle à une
femme ce que les mères doivent souffrir. C'est le
cœur, c'est le génie de la tendresse, et madame de
Girardin avait ce génie-là pour couronnement
d'une admirable organisation.

teté des souvenirs est quelquefois
encore du ressentiment. Je sais en
gros que ces causes furent de di-
verse nature : d'une part, ses vel-
léités d'*ambition*, il se servait toujours de ce mot-là pour exprimer ses
violents et fugitifs besoins d'activité;
de l'autre, les emportements trop réi-
térés de son caractère, aigri souvent
par l'inaction ou les déceptions.

Quant à l'innocente ambition de
siéger à la Chambre des députés et
d'y prendre de l'influence, je ne la
désapprouvais nullement; mais j'a-
voue qu'elle me gâtait un peu mon
vieux Éverard, car c'est comme
vieillard, aux heures où sa figure
altérée marquait soixante ans, que

je le chérissais d'une affection presque filiale, parce que, dans ces mo-
ments-là, il était doux, vrai, simple,
candide et tout rempli d'idéal divin.
Était-ce alors qu'il était lui-même?
C'est ce que je n'ai jamais pu savoir. Il était sincère à coup sûr
dans tous ses aspects; mais quelle
eût été sa vraie nature si son organisation eût été régulière, c'est-à-
dire si un mal chronique ne l'eût
pas fait passer par de continuelles
alternatives de fièvre et de langueur? L'exaltation maladive me le
rendait, je ne dirai pas antipathique, mais comme étranger. C'est
lorsqu'il redevenait jeune, actif, ar-
dent au petit combat de la politique d'actualité que j'éprouvais l'in-

vincible besoin de ne pas trop
m'intéresser à lui.

C'est cette indifférence à ce qu'il
regardait alors comme l'intérêt puis-
sant de sa vie qu'il ne me par-
donnait qu'après des bouderies ou
des reproches. Pour éviter le retour
de ces querelles, je ne provoquais
ni ses lettres ni ses visites. Elles
devinrent de plus en plus rares. Il
fut nommé député. Son début à la
Chambre le posa, dans une question de propriété particulière que je
ne me rappelle pas bien, comme
raisonneur habile plus que comme
orateur politique. Son rôle y fut
effacé, selon moi. Je ne voulais pas
le tourmenter. D'un homme comme

lui on pouvait attendre le réveil sans inquiétude. Nous fûmes des mois entiers sans nous voir et sans nous écrire. J'étais fixée à Nohant. Il y apparut toujours de loin en loin jusque vers la révolution de février. Dans les dernières entrevues, nous n'étions plus d'accord sur le fond des choses. J'avais un peu étudié et médité mon idéal; il semblait avoir écarté le sien pour revenir à un siècle en arrière de la révolution. Il ne fallait pas lui rappeler le pont des Saints-Pères. Il eût affirmé par serment et de bonne foi que j'avais rêvé, ainsi que Planet. Il s'irritait quand je voulais lui prouver que j'avais gardé et amélioré mes sentiments, et qu'il

avait laissé reculer et obscurcir les
siens. Il raillait mon socialisme avec
un peu d'amertume, et cependant
il redevenait aisément tendre et
paternel. Alors je lui prédisais qu'un
jour il redeviendrait socialiste, et
qu'outre-passant le but, il me re-
procherait ma modération. Cela fût
arrivé certainement s'il eût vécu.

L'absence ni la mort ne détrui-
sent les grandes amitiés; la mienne
lui resta et lui reste en dépit de
tout. Je ne fus jamais brouillée
avec lui, et il le fut pourtant avec
moi dans les dernières années de
sa vie. Je dirai pourquoi.

Il voulait être commissaire à
Bourges sous le gouvernement pro-

visoire. Il ne le fut pas et s'en
prit à moi. Il me supposait auprès du ministre de l'intérieur une
influence que j'étais loin d'avoir.
M. Ledru-Rollin n'avait pas coutume
de me consulter sur ses décisions
politiques. Quelques personnes l'ont
dit : ce fut une mauvaise plaisanterie. Éverard eut la simplicité de
le croire sur des commentaires de
province.

Mais, pour être dans la vérité et
dans la sincérité absolue, je dus ne
pas lui cacher que si j'avais eu
cette influence et si j'avais été con-
sultée, ou, pour mieux dire, si
j'avais été le ministre en personne,
je n'eusse pas raisonné ni agi au-

trement que n'avait fait le ministre. Je poussai la loyauté jusqu'à
lui écrire que M. Ledru-Rollin
ayant pris cette détermination et
la déclarant après coup dans une
conversation à laquelle je me trouvais présente, j'avais trouvé sérieux et justes les motifs qu'il en
avait donnés. — Éverard, je l'ai dit
déjà, et je le lui disais à lui-même,
avait été surpris par la république dans une phase d'antipathie
marquée pour les idées qui de-
vaient, qui eussent dû faire vivre
la république. Il eût pu redevenir
l'homme du lendemain; mobile et
sincère comme il l'était, on ne devait guère être en peine de son
retour, et, dans tous les cas, on

pouvait bien l'attendre sans com-
promettre l'avenir d'une puissance
comme la sienne. Mais, à coup
sûr, il n'était pas l'homme de ce
jour-là, du jour où nous étions,
jour de foi entière et d'aspiration
illimitée vers des principes rejetés
la veille par Éverard.

Je ne m'étais pas trompée. Sous
la pression des circonstances, Éverard était à un des faîtes de la
montagne, lorsque la violence des
événements l'en fit descendre sans
espoir d'y jamais remonter : la
cruelle mort l'attendait. On m'a dit
qu'il ne m'avait jamais pardonné
ma sincérité. Eh bien, je crois le
contraire. Je crois que son cœur a

été juste et sa raison lucide à un
moment donné connu de lui seul.
Aujourd'hui que je vois son âme
face à face, je suis bien tranquille.

Il est une autre âme, non moins
belle et pure dans son essence,
non moins malade et troublée dans
ce monde, que je retrouve avec
autant de placidité dans mes entre-
tiens avec les morts, et dans mon
attente de ce monde meilleur où
nous devons nous reconnaître tous au
rayon d'une lumière plus vive et
plus divine que celle de la terre.

Je parle de Frédéric Chopin, qui
fut l'hôte des huit dernières années de ma vie de retraite à Nohant sous la monarchie.

En 1838, dès que Maurice m'eut été définitivement confié, je me décidai à chercher pour lui un hiver plus doux que le nôtre. J'espérais le préserver ainsi du retour des rhumatismes cruels de l'année précédente. Je voulais trouver, en même temps, un lieu tranquille où je pusse le faire travailler un peu ainsi que sa sœur, et travailler moi-même sans excès. On gagne bien du temps quand on ne voit personne, on est forcé de veiller beaucoup moins.

Comme je faisais mes projets et mes préparatifs de départ, Chopin, que je voyais tous les jours et dont j'aimais tendrement le génie et le

caractère, me dit à plusieurs repri-
ses que, s'il était à la place de
Maurice, il serait bientôt guéri lui-
même. Je le crus, et je me trompai.
Je ne le mis pas dans le voyage à
la place de Maurice, mais à côté de
Maurice. Ses amis le pressaient depuis longtemps d'aller passer quelque
temps dans le midi de l'Europe. On
le croyait phthisique. Gaubert l'exa-
mina et me jura qu'il ne l'était pas.
« Vous le sauverez, en effet, me dit-il,
si vous lui donnez de l'air, de la
promenade et du repos. » Les autres,
sachant bien que jamais Chopin ne
se déciderait à quitter le monde et
la vie de Paris sans qu'une personne aimée de lui et dévouée à
lui ne l'y entraînât, me pressèrent

vivement de ne pas repousser le désir qu'il manifestait si à propos et
d'une façon tout inespérée.

J'eus tort, par le fait, de céder
à leur espérance et à ma propre
sollicitude. C'était bien assez de
m'en aller seule à l'étranger avec
deux enfants, l'un déjà malade, l'autre exubérant de santé et de tur-
bulence, sans prendre encore un
tourment de cœur et une responsabilité de médecin.

Mais Chopin était dans un moment de santé qui rassurait tout
le monde. Excepté Grzymala, qui ne
s'y trompait pas trop, nous avions
tous confiance. Je priai cependant
Chopin de bien consulter ses forces

morales, car il n'avait jamais envi-
sagé sans effroi, depuis plusieurs
années, l'idée de quitter Paris, son
médecin, ses relations, son appartement même et son piano. C'était
l'homme des habitudes impérieuses,
et tout changement, si petit qu'il
fût, était un événement terrible
dans sa vie.

Je partis avec mes enfants, en
lui disant que je passerais quelques
jours à Perpignan, si je ne l'y trouvais pas; et que s'il n'y venait pas
au bout d'un certain délai, je passerais en Espagne. J'avais choisi
Majorque sur la foi de personnes
qui croyaient bien connaître le climat et les ressources du pays, et

qui ne les connaissaient pas du tout.

Mendizabal, notre ami commun, un homme excellent autant que célèbre, devait se rendre à Madrid et accompagner Chopin jusqu'à la frontière, au cas où il donnerait suite à son rêve de voyage.

Je m'en allai donc avec mes enfants et une femme de chambre dans le courant de novembre. Je m'arrêtai le premier soir au Plessis, où j'embrassai avec joie ma mère Angèle et toute cette bonne et chère famille qui m'avait ouvert les bras quinze ans auparavant. Je trouvai les fillettes grandes, belles et mariées. Tonine, ma préférée, était à la fois superbe et charmante. Mon

pauvre père James était goutteux
et marchait sur des béquilles. J'embrassai le père et la fille pour la
dernière fois! Tonine devait mourir
à la suite de sa première maternité, son père à peu près dans le
même temps.

Nous fîmes un grand détour,
voyageant pour voyager. Nous re-
vîmes à Lyon notre amie l'éminente
artiste madame Montgolfier, Théo-
dore de Seynes, etc., et descendîmes
le Rhône jusqu'à Avignon, d'où
nous courûmes à Vaucluse, une des
plus belles choses du monde, et
qui mérite bien l'amour de Pétrar-
que et l'immortalité de ses vers.
De là, traversant le Midi, saluant

le pont du Gard, nous arrêtant
quelques jours à Nîmes pour embrasser notre cher précepteur et
ami Boucoiran et pour faire connaissance avec madame d'Oribeau,
une femme charmante que je devais
conserver pour amie, nous ga-
gnâmes Perpignan, où dès le lendemain nous vîmes arriver Chopin.
Il avait très-bien supporté le
voyage. Il ne souffrit pas trop de
la navigation jusqu'à Barcelone, ni
de Barcelone jusqu'à Palma. Le
temps était calme, la mer excellente; nous sentions la chaleur
augmenter d'heure en heure. Maurice supportait la mer presque aussi
bien que moi, Solange moins bien;
mais, à la vue des côtes escarpées

de l'île, dentelées au soleil du matin par les aloès et les palmiers,
elle se mit à courir sur le pont,
joyeuse et fraîche comme le matin
même.

J'ai peu à dire ici sur Majorque,
ayant écrit un gros volume sur ce
voyage. J'y ai raconté mes an-
goisses relativement au malade que
j'accompagnais. Dès que l'hiver se
fit, et il se déclara tout à coup par
des pluies torrentielles, Chopin pré-
senta, subitement aussi, tous les
caractères de l'affection pulmonaire.
Je ne sais ce que je serais devenue
si les rhumatismes se fussent em-
parés de Maurice; nous n'avions
aucun médecin qui nous inspirât

confiance, et les plus simples remèdes étaient presque impossibles à
se procurer. Le sucre même était
souvent de mauvaise qualité et rendait malade.

Grâce au ciel, Maurice, affrontant
du matin au soir la pluie et le
vent, avec sa sœur, recouvra une
santé parfaite. Ni Solange ni moi
ne redoutions les chemins inondés
et les averses. Nous avions trouvé
dans une chartreuse abandonnée et
ruinée en partie un logement sain
et des plus pittoresques. Je donnais
des leçons aux enfants dans la ma-
tinée. Ils couraient tout le reste du
jour, pendant que je travaillais; le
soir, nous courions ensemble dans

les cloîtres au clair de la lune,
ou nous lisions dans les cellules.
Notre existence eût été fort agréable
dans cette solitude romantique, en
dépit de la sauvagerie du pays et
de la chiperie des habitants, si ce
triste spectacle des souffrances de
notre compagnon et certains jours
d'inquiétude sérieuse pour sa vie
ne m'eussent ôté forcément tout le
plaisir et tout le bénéfice du voyage.

Le pauvre grand artiste était un
malade détestable. Ce que j'avais re-
douté, pas assez malheureusement,
arriva. Il se démoralisa d'une manière complète. Supportant la souffrance avec assez de courage, il ne
pouvait vaincre l'inquiétude de son

imagination. Le cloître était pour
lui plein de terreurs et de fantômes,
même quand il se portait bien. Il
ne le disait pas, et il me fallut le
deviner. Au retour de mes explora-
tions nocturnes dans les ruines
avec mes enfants, je le trouvais, à
dix heures du soir, pâle devant
son piano, les yeux hagards et les
cheveux comme dressés sur la tête.
Il lui fallait quelques instants pour
nous reconnaître.

Il faisait ensuite un effort pour
rire, et il nous jouait des choses
sublimes qu'il venait de composer,
ou, pour mieux dire, des idées terribles ou déchirantes qui venaient
de s'emparer de lui, comme à son

insu, dans cette heure de solitude,
de tristesse et d'effroi.

C'est là qu'il a composé les plus
belles de ces courtes pages qu'il
intitulait modestement des préludes.
Ce sont des chefs-d'œuvre. Plusieurs
présentent à la pensée des visions
de moines trépassés et l'audition
des chants funèbres qui l'assié-
geaient; d'autres sont mélancoliques
et suaves; ils lui venaient aux heures de soleil et de santé, au bruit
du rire des enfants sous la fenêtre,
au son lointain des guitares, au
chant des oiseaux sous la feuillée
humide, à la vue des petites roses
pâles épanouies sur la neige.

D'autres encore sont d'une tris-

tesse morne et, en vous charmant
l'oreille, vous navrent le cœur. Il y
en a un qui lui vint par une soirée de pluie lugubre et qui jette
dans l'âme un abattement effroyable. Nous l'avions laissé bien portant ce jour-là, Maurice et moi,
pour aller à Palma acheter des
objets nécessaires à notre campe-
ment. La pluie était venue, les tor-
rents avaient débordé; nous avions
fait trois lieues en six heures pour
revenir au milieu de l'inondation,
et nous arrivions en pleine nuit,
sans chaussures, abandonnés de
notre voiturin, à travers des dangers inouïs [1]. Nous nous hâtions

---

[1] Voyez un *Hiver dans le midi de l'Europe*,
par G. Sand.

en vue de l'inquiétude de notre
malade. Elle avait été vive, en
effet, mais elle s'était comme figée
en une sorte de désespérance tranquille, et il jouait son admirable
prélude en pleurant. En nous
voyant entrer, il se leva en jetant
un grand cri, puis il nous dit, d'un
air égaré et d'un ton étrange :
« Ah! je le savais bien, que vous
étiez morts! »

Quand il eut repris ses esprits et
qu'il vit l'état où nous étions, il fut
malade du spectacle rétrospectif de
nos dangers; mais il m'avoua ensuite qu'en nous attendant il avait
vu tout cela dans un rêve et que,
ne distinguant plus ce rêve de la

réalité, il s'était calmé et comme
assoupi en jouant du piano, per-
suadé qu'il était mort lui-même. Il
se voyait noyé dans un lac; des
gouttes d'eau pesantes et glacées lui
tombaient en mesure sur la poitrine, et quand je lui fis écouter
le bruit de ces gouttes d'eau, qui
tombaient en effet en mesure sur
le toit, il nia les avoir entendues.
Il se fâcha même de ce que je
traduisais par le mot d'harmonie
imitative. Il protestait de toutes
ses forces, et il avait raison, contre la puérilité de ces imitations
pour l'oreille. Son génie était plein
des mystérieuses harmonies de la
nature, traduites par des équivalents
sublimes dans sa pensée musicale et

non par une répétition servile des sons
extérieurs [1]. Sa composition de ce
soir-là était bien pleine des gouttes
de pluie qui résonnaient sur les tuiles
sonores de la Chartreuse, mais elles
s'étaient traduites dans son imagination et dans son chant par des larmes tombant du ciel sur son cœur.

Le génie de Chopin est le plus
profond et le plus plein de sentiments et d'émotions qui ait existé.
Il a fait parler à un seul instru-
ment la langue de l'infini; il a pu
souvent résumer, en dix lignes
qu'un enfant pourrait jouer, des

[1] J'ai donné, dans *Consuelo*, une définition de
cette distinction musicale qui l'a pleinement satis-
fait, et qui, par conséquent, doit être claire.

poëmes d'une élévation immense,
des drames d'une énergie sans
égale. Il n'a jamais eu besoin des
grands moyens matériels pour donner le mot de son génie. Il ne lui
a fallu ni saxophones ni ophicléides
pour remplir l'âme de terreur; ni
orgues d'église, ni voix humaines
pour la remplir de foi et d'enthousiasme. Il n'a pas été connu et il
ne l'est pas encore de la foule. Il
faut de grands progrès dans le
goût et l'intelligence de l'art pour
que ses œuvres deviennent populai-
res. Un jour viendra où l'on
orchestrera sa musique sans rien
changer à sa partition de piano,
et où tout le monde saura que ce
génie aussi vaste, aussi complet,

aussi savant que celui des plus
grands maîtres qu'il s'était assimilés,
a gardé une individualité encore
plus exquise que celle de Sébastien
Bach, encore plus puissante que
celle de Beethowen, encore plus
dramatique que celle de Weber. Il
est tous les trois ensemble, et il est
encore lui-même, c'est-à-dire plus
délié dans le goût, plus austère
dans le grand, plus déchirant dans
la douleur. Mozart seul lui est supérieur, parce que Mozart a en
plus le calme de la santé, par
conséquent la plénitude de la vie.

Chopin sentait sa puissance et sa
faiblesse. Sa faiblesse était dans l'excès même de cette puissance qu'il

ne pouvait régler. Il ne pouvait pas
faire, comme Mozart (au reste Mozart seul a pu le faire), un chef-
d'œuvre avec une teinte plate. Sa
musique était pleine de nuances et
d'imprévu. Quelquefois, rarement,
elle était bizarre, mystérieuse et
tourmentée. Quoiqu'il eût horreur
de ce que l'on ne comprend pas,
ses émotions excessives l'empor-
taient, à son insu, dans des régions
connues de lui seul. J'étais peut-
être pour lui un mauvais arbitre
(car il me consultait comme Mo-
lière sa servante), parce que, à
force de le connaître, j'en étais venue à pouvoir m'identifier à toutes
les fibres de son organisation. Pendant huit ans, en m'initiant chaque

jour au secret de son inspiration
ou de sa méditation musicale, son
piano me révélait les entraînements,
les embarras, les victoires ou les
tortures de sa pensée. Je le com-
prenais donc comme il se comprenait lui-même, et un juge plus
étranger à lui-même l'eût forcé à
être plus intelligible pour tous.

Il avait eu quelquefois des idées
riantes et toutes rondes dans sa
jeunesse. Il a fait des chansons
polonaises et des romances inédites
d'une charmante bonhomie ou d'une
adorable douceur. Quelques-unes de
ses compositions ultérieures sont
encore comme des sources de cris-
tal où se mire un clair soleil. Mais

qu'elles sont rares et courtes, ces
tranquilles extases de sa contemplation! Le chant de l'alouette dans
le ciel et le moelleux flottement
du cygne sur les eaux immobiles
sont pour lui comme des éclairs
de la beauté dans la sérénité. Le
cri de l'aigle plaintif et affamé sur
les rochers de Majorque, le siffle-
ment amer de la bise et la morne
désolation des ifs couverts de neige
l'attristaient bien plus longtemps et
bien plus vivement que ne le ré-
jouissaient le parfum des orangers,
la grâce des pampres et la canti-
lène mauresque des laboureurs.

Il en était ainsi de son caractère
en toutes choses. Sensible un in-

stant aux douceurs de l'affection et
aux sourires de la destinée, il était
froissé des jours, des semaines entières par la maladresse d'un indif-
férent ou par les menues contra-
riétés de la vie réelle. Et, chose
étrange, une véritable douleur ne
le brisait pas autant qu'une petite.
Il semblait qu'il n'eût pas la force
de la comprendre d'abord et de la
ressentir ensuite. La profondeur de
ses émotions n'était donc nullement
en rapport avec leurs causes. Quant
à sa déplorable santé, il l'acceptait
héroïquement dans les dangers
réels, et il s'en tourmentait misé-
rablement dans les altérations insignifiantes. Ceci est l'histoire et le
destin de tous les êtres en qui le

système nerveux est développé avec excès.

Avec le sentiment exagéré des détails, l'horreur de la misère et les besoins d'un bien-être raffiné, il prit naturellement Majorque en horreur au bout de peu de jours de maladie. Il n'y avait pas moyen de se remettre en route, il était trop faible. Quand il fut mieux, les vents contraires régnèrent sur la côte, et pendant trois semaines le bateau à vapeur ne put sortir du port. C'était l'unique embarcation possible, et encore ne l'était-elle guère.

Notre séjour à la Chartreuse de Valdemosa fut donc un supplice

pour lui et un tourment pour moi.
Doux, enjoué, charmant dans le
monde, Chopin malade était désespérant dans l'intimité exclusive.
Nulle âme n'était plus noble, plus
délicate, plus désintéressée; nul
commerce plus fidèle et plus loyal,
nul esprit plus brillant dans la
gaîté, nulle intelligence plus sérieuse et plus complète dans ce
qui était de son domaine; mais en
revanche, hélas! nulle humeur n'é-
tait plus inégale, nulle imagination
plus ombrageuse et plus délirante,
nulle susceptibilité plus impossible
à ne pas irriter, nulle exigence de
cœur plus impossible à satisfaire.
Et rien de tout cela n'était sa
faute, à lui. C'était celle de son

mal. Son esprit était écorché vif;
le pli d'une feuille de rose, l'ombre
d'une mouche le faisaient saigner.
Excepté moi et mes enfants, tout
lui était antipathique et révoltant
sous le ciel de l'Espagne. Il mou-
rait de l'impatience du départ, bien
plus que des inconvénients du séjour.

Nous pûmes enfin nous rendre à
Barcelone et de là, par mer encore, à Marseille, à la fin de l'hiver.
Je quittai la Chartreuse avec un
mélange de joie et de douleur. J'y
aurais bien passé deux ou trois ans,
seule avec mes enfants. Nous avions
une malle de bons livres élémen-
taires que j'avais le temps de leur

XX.   11

expliquer. Le ciel devenait magnifique et l'île un lieu enchanté.
Notre installation romantique nous
charmait; Maurice se fortifiait à vue
d'œil, et nous ne faisions que rire
des privations pour notre compte.
J'aurais eu de bonnes heures de
travail sans distraction; je lisais de
beaux ouvrages de philosophie et
d'histoire quand je n'étais pas garde-
malade, et le malade lui-même
eût été adorablement bon s'il eût
pu guérir. De quelle poésie sa musique remplissait ce sanctuaire,
même au milieu de ses plus dou-
loureuses agitations! Et la Chartreuse était si belle sous ses festons
de lierre, la floraison si splendide
dans la vallée, l'air si pur sur

notre montagne, la mer si bleue à
l'horizon! C'est le plus bel endroit
que j'aie jamais habité, et un des
plus beaux que j'aie jamais vus. Et
j'en avais à peine joui! N'osant
quitter le malade, je ne pouvais
sortir avec mes enfants qu'un instant chaque jour, et souvent pas du
tout. J'étais très-malade moi-même
de fatigue et de séquestration.

À Marseille il fallut nous arrêter. Je soumis Chopin à l'examen
du célèbre docteur Cauvières, qui le
trouva gravement compromis d'a-
bord, et qui pourtant reprit bon
espoir en le voyant se rétablir rapidement. Il augura qu'il pouvait
vivre longtemps avec de grands

11.

soins, et il lui prodigua les siens.
Ce digne et aimable homme, un
des premiers médecins de France,
le plus charmant, le plus sûr, le
plus dévoué des amis, est, à Marseille, la providence des heureux et
des malheureux. Homme de conviction et de progrès, il a conservé
dans un âge très-avancé la beauté
de l'âme et celle du visage. Sa phy-
sionomie douce et vive en même
temps, toujours éclairée d'un tendre
sourire et d'un brillant regard,
commande le respect et l'amitié à
dose égale. C'est encore une des
plus belles organisations qui existent, exempte d'infirmités, pleine de
feu, jeune de cœur et d'esprit,
bonne autant que brillante, et tou-

jours en possession des hautes facultés d'une intelligence d'élite.

Il fut pour nous comme un
père. Sans cesse occupé à nous
rendre l'existence charmante, il soi-
gnait le malade, il promenait et
gâtait les enfants, il remplissait mes
heures, sinon de repos, du moins
d'espoir, de confiance et de bien-
être intellectuel. Je l'ai retrouvé
cette année à Marseille [1], c'est-à-
dire quinze ans après, plus jeune
et plus aimable encore, s'il est
possible, que je ne l'avais laissé;
venant de traverser et de vaincre
le choléra comme un jeune homme,

[1] 1855.

aimant comme au premier jour les
élus de son cœur, croyant à la
France, à l'avenir, à la vérité,
comme n'y croient plus les enfants
de ce siècle : admirable vieillesse,
digne d'une admirable vie!

En voyant Chopin renaître avec
le printemps et s'accommoder d'une
médication fort douce, il ap-
prouva notre projet d'aller passer
quelques jours à Gênes. Ce fut un
plaisir pour moi de revoir avec
Maurice tous les beaux édifices et
tous les beaux tableaux que pos-
sède cette charmante ville.

Au retour, nous eûmes en mer
un rude coup de vent. Chopin en
fut assez malade, et nous prîmes

quelques jours de repos à Marseille chez l'excellent docteur.

Marseille est une ville magnifique qui froisse et déplaît au premier abord par la rudesse de son climat et de ses habitants. On s'y fait pourtant, car le fond de ce climat est sain et le fond de ces habitants est bon. On comprend qu'on puisse s'habituer à la brutalité du mistral, aux colères de la mer, et aux ardeurs d'un implacable soleil, quand on trouve là, dans une cité opulente, toutes les ressources de la civilisation à tous les degrés où l'on peut se les procurer, et quand on parcourt, sur un rayon de quelque étendue, cette

Provence aussi étrange et aussi belle en bien des endroits que beaucoup d'endroits un peu trop vantés de l'Italie.

J'amenai à Nohant, sans encombre, Maurice guéri, et Chopin en train de l'être. Au bout de quelques jours, ce fut le tour de Maurice d'être le plus malade des deux. Le cœur reprenait trop de plénitude. Mon ami Papet, qui est excellent médecin et qui, en raison de sa fortune, exerce la médecine gratis pour ses amis et pour les pauvres, prit sur lui de changer radicalement son régime. Depuis deux ans on le tenait aux viandes blanches et à l'eau rougie. Il jugea qu'une

rapide croissance exigeait des toni-
ques, et après l'avoir saigné, il le
fortifia par un régime tout opposé.
Bien m'en prit d'avoir confiance en
lui, car depuis ce moment Maurice fut radicalement guéri et devint d'une forte et solide santé.

Quant à Chopin, Papet ne lui
trouva plus aucun symptôme d'affection pulmonaire, mais seulement
une petite affection chronique du
larynx qu'il n'espéra pas guérir et
dont il ne vit pas lieu à s'alarmer
sérieusement [1].

[1] C'est à cette époque que je perdis mon an-
gélique ami Gaubert. J'avais déjà perdu, en 1837,
mon noble et tendre *papa*, M. Duris-Dufresne,
d'une manière tragique et douloureuse. Il avait

Avant d'aller plus avant, je dois parler d'un événement politique qui avait eu lieu en France le 12 mai 1839, pendant que j'étais à Gênes, et d'un des hommes que je

dîné la veille avec mon mari. « Il fut rencontré le » 29 octobre, à onze heures du matin, par une » personne de Châteauroux. Il était joyeux, il » allait devenir grand-père, il venait d'acheter » les dragées. Depuis lors on a perdu sa trace. » Son corps a été retrouvé dans la Seine. A-t-il » été assassiné ? Rien ne le prouve ; on ne l'avait » pas volé ; ses boucles d'oreilles en or étaient in- » tactes. » (*Lettre du Malgache*, 1837.)

Cette déplorable fin est restée mystérieuse. Mon frère, qui l'avait vu deux jours auparavant, lui avait entendu dire, en parlant de la marche des événements politiques : « Tout est fini, tout est perdu ! » Il paraissait très-affecté. Mais, mobile, énergique et enthousiaste, il avait repris sa gaîté au bout d'un instant.

place aux premiers rangs parmi
mes contemporains, bien que je ne
l'aie connu que beaucoup plus tard :
Armand Barbès.

Ses premiers élans furent pourtant ceux d'un héroïsme irréfléchi,
et je n'hésite pas à blâmer, avec
Louis Blanc, la tentative du
12 mai. J'oserai ajouter que ce
triste dicton, *le succès justifie tout*,
a quelque chose de plus sérieux
qu'un aphorisme fataliste ne semble
le comporter. Il a même un sens
très-vrai, si l'on considère que la
vie d'un certain nombre d'hommes
peut être sacrifiée à un principe
bienfaisant pour l'humanité, mais à
la condition d'avancer réellement le

règne de ce principe dans le
monde. Si l'effort de vaillance et
de dévouement doit rester stérile;
si même, dans de certaines conditions et sous l'empire de certaines
circonstances, il doit, en échouant,
retarder l'heure du salut, il a beau
être pur dans l'intention, il devient
coupable dans le fait. Il donne des
forces au parti vainqueur, il ébranle
la foi chez les vaincus. Il verse le
sang innocent et le propre sang
des conjurés, qui est précieux, au
profit de la mauvaise cause. Il met
le vulgaire en défiance, ou il le
frappe d'une terreur stupide, qui
le rend presque impossible à ra-
mener et à convaincre.

Je sais bien que le succès est le
secret de Dieu, et que si l'on ne
marchait, comme les anciens, qu'a-
près avoir consulté des oracles ré-
putés infaillibles, on n'aurait guère
de mérite à risquer sa fortune, sa
liberté et sa vie. D'ailleurs, l'oracle
des temps modernes, c'est le peuple:
Vox populi, vox Dei; et c'est un
oracle mystérieux et trompeur, qui
ignore souvent lui-même d'où lui
viennent ses transports et ses révélations. Mais, quelque difficile qu'il
soit à pénétrer, le génie du conspirateur consiste à s'assurer de cet
oracle.

Le conspirateur n'est donc pas à
la hauteur de sa mission quand il

manque de sagesse, de clairvoyance
et de ce génie particulier qui de-
vine l'issue nécessaire des événements. C'est une chose si grave de
jeter un peuple, et même une petite fraction du peuple dans l'arène
sanglante des révolutions, qu'il n'est
pas permis de céder à l'instinct du
sacrifice, à l'enthousiasme du martyre, aux illusions de la foi la plus
pure et la plus sublime. La foi sert
dans le domaine de la foi; les miracles qu'elle produit ne sortent
pas de ce domaine, et quand
l'homme veut la porter dans celui
des faits, elle ne suffit plus si elle
reste à l'état de foi mystique. Il
faut qu'elle soit éclairée des vives
lumières, des lumières spéciales

qu'exigent la connaissance et l'appréciation du fait même; il faut qu'elle
devienne la science, et une science
aussi exacte que celle que Napoléon
portait dans le destin des batailles.

Telle fut l'erreur des chefs de la
Société des saisons. Ils comptèrent
sur le miracle de la foi, sans tenir
compte de la double lumière qui
est nécessaire dans ces sortes d'en-
treprises. Ils méconnurent l'état des
esprits, les moyens de résistance;
ils se précipitaient dans l'abîme,
comme Curtius, sans songer que le
peuple était dans un de ces moments de lassitude et d'incrédulité
où, *par amour pour lui*, par respect
de son avenir, de son lendemain

peut-être, il ne faut pas l'exposer
à faire acte d'athéisme et de lâcheté.

Le succès ne justifie pas tout,
mais il sanctionne les grandes causes et impose jusqu'à un certain
point les mauvaises à la raison
humaine, l'adhésion d'un peuple
étant dans ce cas un obstacle contre lequel il faut savoir se tenir
debout et attendre. La fièvre généreuse des nobles âmes indignées
doit savoir se contenir à de certains moments de l'histoire, et se
ménager pour l'heure où elle pourra
faire de l'étincelle sacrée un vaste
incendie. Alors qu'un parti se risque avec un peuple et même à la

tête d'un peuple pour changer ses
destinées, s'il échoue en dépit des
plus sages prévisions et des plus
savants efforts, s'il est en situation
de rendre au moins sa défaite dé-
sastreuse à l'ennemi, si, en un mot,
il exprime par ses actes une immense et ardente protestation, ses
efforts ne sont pas perdus, et ceux
qui survivront en recueilleront le
fruit plus tard. C'est dans ce cas
que l'on bénit encore les vaincus
de la bonne cause; c'est alors qu'on
les absout des malheurs attachés à
la crise, en reconnaissant qu'ils
n'ont pas agi au hasard, et la foi
qui survit au désastre est propor-
tionnée aux chances de succès qu'ils
ont su mettre dans leur plan. C'est

XX. 12

ainsi qu'on pardonne à un habile
général vaincu dans une bataille
d'avoir perdu des colonnes entières
dans la vue d'une victoire proba-
ble, tandis qu'on blâme le héros
isolé qui s'en va faire écharper une
petite escorte sans aucune chance
d'utilité.

A Dieu ne plaise que j'accuse
Barbès, Martin Bernard et les autres généreux martyrs de cette série d'avoir aveuglément sacrifié à
leur audace naturelle, à leur mépris de la vie, à un égoïste besoin
de gloire! Non! c'était des esprits
réfléchis, studieux, modestes; mais
ils étaient jeunes, ils étaient exal-
tés par la religion du devoir, ils

espéraient que leur mort serait fé-
conde. Ils croyaient trop à l'excellence soutenue de la nature humaine; ils la jugeaient d'après
eux-mêmes. Ah! mes amis, que
votre vie est belle, puisque, pour y
trouver une faute, il faut faire, au
nom de la froide raison, le procès
aux plus nobles sentiments dont
l'âme de l'homme soit capable!

Mais la véritable grandeur de
Barbès se manifesta dans son attitude devant ses juges, et se com-
pléta dans le long martyre de la
prison. C'est là que son âme s'é-
leva jusqu'à la sainteté. C'est du silence de cette âme profondément
humble et pieusement résignée qu'est

12.

sorti le plus éloquent et le plus
pur enseignement à la vertu qu'il
ait été donné à ce siècle de comprendre. Là, jamais une erreur, jamais une défaillance dans cette ab-
négation absolue, dans ce courage
calme et doux, dans ces tendres
consolations données par lui-même
aux cœurs brisés par sa souffrance.
Les lettres de Barbès à ses amis
sont dignes des plus beaux temps
de la foi. Mûri par la réflexion, il
s'est élevé à l'appréciation des plus
hautes philosophies; mais, supérieur
à la plupart de ceux qui instrui-
sent et qui prêchent, il s'est assi-
milé la force du stoïque unie à
l'humble douceur du vrai chrétien.
C'est par là que, sans être créa-

teur dans la sphère des idées, il
s'est égalé sans le savoir aux plus
grands penseurs de son époque.
Chez lui la parole et la pensée des
autres ont été fécondes; elles ont
germé et grandi dans un cœur si
pur et si fervent que ce cœur est
devenu un miroir de la vérité,
une pierre de touche pour les consciences délicates, un rare et véritable sujet de consolation pour tous
ceux qui s'épouvantent de la cor-
ruption des temps, de l'injustice
des partis et de l'abattement des
esprits dans les jours d'épreuve et
de persécution.

CHAPITRE TREIZIÈME.

Après le voyage de Majorque, je songeai à arranger ma vie de manière à résoudre le difficile problème de faire travailler Maurice sans le priver d'air et de mouvement. A Nohant, cela était possible, et nos lectures pouvaient suffire à

remplacer par des notions d'histoire, de philosophie et de littéra-
ture le grec, et le latin du collége.

Mais Maurice aimait la peinture,
et je ne pouvais la lui enseigner.
D'ailleurs, je ne me fiais pas assez
à moi-même quant au reste pour
mener un peu loin les études que
nous faisions ensemble, moi appre-
nant et préparant la veille ce que
je lui démontrais le lendemain; car
je ne savais rien avec méthode, et
j'étais obligée d'inventer une méthode à son usage en même temps
que je m'initiais aux connaissances
que cette méthode devait dévelop-
per. Il me fallait, en même temps
encore, trouver une autre méthode

pour Solange, dont l'esprit avait
besoin d'un tout autre procédé
d'enseignement, relativement aux études appropriées à son âge.

Cela était au-dessus de mes forces, à moins de renoncer à écrire.
J'y songeai sérieusement. En me
renfermant à la campagne toute
l'année, j'espérais vivre de Nohant,
et vivre fort satisfaite en consacrant
ce que je pouvais avoir de lumière
dans l'âme à instruire mes enfants;
mais je m'aperçus bien vite que le
professorat ne me convenait pas du
tout, ou, pour mieux dire, que je
ne convenais pas du tout à la tâche toute spéciale du professorat.
Dieu ne m'a pas donné la parole;

je ne m'exprimais pas d'une manière assez précise et assez nette,
outre que la voix me manquait au
bout d'un quart d'heure. D'ailleurs,
je n'avais pas assez de patience
avec mes enfants, j'aurais mieux
enseigné ceux des autres. Il ne faut
peut-être pas s'intéresser passionnément à ses élèves. Je m'épuisais en
efforts de volonté, et je trouvais
souvent dans la leur une résistance
qui me désespérait. Une jeune mère
n'a pas assez d'expérience des langueurs et des préoccupations de
l'enfance. Je me rappelais les mien-
nes cependant; mais, me rappelant
aussi que si on ne les avait pas
vaincues malgré moi, je serais restée inerte ou devenue folle, je me

tuais à lasser la résistance, ne sachant pas la briser.

Plus tard j'ai appris à lire à ma
petite-fille, et j'ai eu de la patience, quoique je l'aimasse passionnément aussi; mais j'avais beaucoup
d'années de plus!

Dans l'irrésolution où je fus quelque temps relativement à l'arrangement de ma vie, en vue du mieux
possible pour ces chers enfants,
une question sérieuse fut débattue
dans ma conscience. Je me demandai si je devais accepter l'idée que
Chopin s'était faite de fixer son
existence auprès de la mienne. Je

n'eusse pas hésité à dire non si j'eusse
pu savoir alors combien peu de temps
la vie retirée et la solennité de la
campagne convenaient à sa santé
morale et physique. J'attribuais encore son désespoir et son horreur
de Majorque à l'exaltation de la
fièvre et à l'*excès de caractère* de
cette résidence. Nohant offrait des
conditions plus douces, une retraite
moins austère, un entourage sympathique et des ressources en cas
de maladie. Papet était pour lui
un médecin éclairé et affectueux.
Fleury, Duteil, Duvernet et leurs
familles, Planet, Rollinat surtout,
lui furent chers à première vue.
Tous l'aimèrent aussi et se senti-
rent disposés à le gâter avec moi.

Mon frère était revenu habiter
le Berry. Il était fixé dans la terre
de Montgivray, dont sa femme avait
hérité, à une demi-lieue de nous.
Mon pauvre Hippolyte s'était si
étrangement et si follement conduit
envers moi que le bouder un peu
n'eût pas été trop sévère; mais je
ne pouvais bouder sa femme, qui
avait toujours été parfaite pour
moi, et sa fille, que je chérissais
comme si elle eût été mienne,
l'ayant élevée en partie avec les
mêmes soins que j'avais eus pour
Maurice. D'ailleurs mon frère, quand
il reconnaissait ses torts, s'accusait
si entièrement, si drôlement, si
énergiquement, disant mille naïve-
tés spirituelles tout en jurant et

pleurant avec effusion, que mon
ressentiment était tombé au bout
d'une heure. D'un autre que lui,
le passé eût été inexcusable, et
avec lui l'avenir ne devait pas tarder à redevenir intolérable; mais
qu'y faire? C'était lui! C'était le
compagnon de mes premières années; c'était le bâtard né heureux,
c'est-à-dire l'enfant gâté de chez
nous. Hippolyte eût eu bien mauvaise grâce à se poser en *Antony*.
Antony est vrai relativement aux
préjugés de certaines familles; d'ailleurs ce qui est beau est toujours
assez vrai; mais on pourrait bien
faire la contre-partie d'*Antony*,
et l'auteur de ce poëme tragique
pourrait la faire lui-même aussi

vraie et aussi belle. Dans certains
milieux, l'enfant de l'amour in-
spire un tel intérêt qu'il arrive à
être, sinon le roi de la famille, du
moins le membre le plus entre-
prenant et le plus indépendant de
la famille, celui qui ose tout et à
qui l'on passe tout, parce que les
entrailles ont besoin de le dédom-
mager de l'abandon de la société.
Par le fait, n'étant rien officielle-
ment, et ne pouvant prétendre à
rien légalement dans mon intérieur,
Hippolyte y avait toujours fait dominer son caractère turbulent, son
bon cœur et sa mauvaise tête. Il
m'en avait chassée, par la seule
raison que je ne voulais pas l'en
chasser; il avait aigri et prolongé

la lutte qui m'y ramenait, et il y
rentrait lui-même, pardonné et embrassé pour quelques larmes qu'il
versait au seuil de la maison paternelle. Ce n'était que la reprise
d'une nouvelle série de repentirs
de sa part et d'absolutions de la
mienne.

Son entrain, sa gaité intaris-
sable, l'originalité de ses saillies,
ses effusions enthousiastes et naï-
ves pour le génie de Chopin, sa
déférence constamment respectueuse
envers lui seul, même dans l'inévitable et terrible *après-boire*, trou-
vèrent grâce auprès de l'artiste émi-
nemment aristocratique. Tout alla
donc fort bien au commencement,

et j'admis éventuellement l'idée que
Chopin pourrait se reposer et re-
faire sa santé parmi nous pendant
quelques étés, son travail devant
nécessairement le rappeler l'hiver à
Paris.

Cependant la perspective de cette
sorte d'alliance de famille avec un
ami nouveau dans ma vie me
donna à réfléchir. Je fus effrayée
de la tâche que j'allais accepter et
que j'avais crue devoir se borner
au voyage en Espagne. Si Maurice
venait à retomber dans l'état de
langueur qui m'avait absorbée, adieu
à la fatigue des leçons, il est vrai,
mais adieu aussi aux joies de mon
travail; et quelles heures de ma vie

13.

sereines et vivifiantes pourrais-je
consacrer à un second malade,
beaucoup plus difficile à soigner et
à consoler que Maurice?

Une sorte d'effroi s'empara donc
de mon cœur en présence d'un devoir nouveau à contracter. Je n'é-
tais pas illusionnée par une passion. J'avais pour l'artiste une sorte
d'adoration maternelle très-vive,
très-vraie, mais qui ne pouvait pas
un instant lutter contre l'amour des
entrailles, le seul sentiment chaste
qui puisse être passionné.

J'étais encore assez jeune pour
avoir peut-être à lutter contre l'a-
mour, contre la passion propre-

ment dite. Cette éventualité de mon
âge, de ma situation et de la destinée des femmes artistes, surtout
quand elles ont horreur des distrac-
tions passagères, m'effrayait beaucoup, et, résolue à ne jamais subir
d'influence qui pût me distraire de
mes enfants, je voyais un danger
moindre, mais encore possible,
même dans la tendre amitié que
m'inspirait Chopin.

Eh bien, après réflexion, ce danger disparut à mes yeux et prit
même un caractère opposé, celui
d'un préservatif contre des émotions que je ne voulais plus connaître. Un devoir de plus dans ma
vie, déjà si remplie et si accablée

de fatigue, me parut une chance
de plus pour l'austérité vers laquelle
je me sentais attirée avec une sorte
d'enthousiasme religieux.

Si j'eusse donné suite à mon
projet de m'enfermer à Nohant
toute l'année, de renoncer aux arts
et de me faire l'institutrice de mes
enfants, Chopin eût été sauvé du
danger qui le menaçait, lui, à
mon insu : celui de s'attacher à
moi d'une manière trop absolue. Il
ne m'aimait pas encore au point
de ne pouvoir s'en distraire, son
affection n'était pas encore exclusive. Il m'entretenait d'un amour
romanesque qu'il avait eu en Pologne, de doux entraînements qu'il

avait subis ensuite à Paris et qu'il
y pouvait retrouver, et surtout de
sa mère, qui était la seule passion
de sa vie, et loin de laquelle pourtant il s'était habitué à vivre.
Forcé de me quitter pour sa pro-
fession, qui était son honneur
même, puisqu'il ne vivait que de
son travail, six mois de Paris l'eussent rendu, après quelques jours
de malaise et de larmes, à ses habitudes d'élégance, de succès exquis
et de coquetterie intellectuelle. Je
n'en pouvais pas douter, je n'en
doutais pas.

Mais la destinée nous poussait
dans les liens d'une longue associa-

tion, et nous y arrivâmes tous deux
sans nous en apercevoir.

Forcée d'échouer dans mon en-
treprise de professorat, je pris le
parti de le remettre en meilleures
mains et de faire, dans ce but, un
établissement annuel à Paris. Je
louai, rue Pigale, un appartement
composé de deux pavillons au fond
d'un jardin. Chopin s'installa rue
Tronchet; mais son logement fut
humide et froid. Il recommença à
tousser sérieusement, et je me vis
forcée de donner ma démission de
garde-malade, ou de passer ma vie
en allées et venues impossibles.
Lui, pour me les épargner, venait
chaque jour me dire avec une

figure décomposée et une voix
éteinte qu'il se portait à merveille.
Il demandait à dîner avec nous, et
il s'en allait le soir, grelottant dans
son fiacre. Voyant combien il s'af-
fectait du dérangement de notre
vie de famille, je lui offris de lui
louer un des pavillons dont je pouvais lui céder une partie. Il accepta
avec joie. Il eut là son appartement, y reçut ses amis et y donna
ses leçons sans me gêner. Maurice
avait l'appartement au-dessus du
sien; j'occupais l'autre pavillon avec
ma fille. Le jardin était joli et
assez vaste pour permettre de
grands jeux et de belles gaîtés.
Nous avions des professeurs des
deux sexes qui faisaient de leur

mieux. Je voyais le moins de monde
possible, m'en tenant toujours à
mes amis. Ma jeune et charmante
parente Augustine, Oscar, le fils de
ma sœur, dont je m'étais chargée
et que j'avais mis en pension, les
deux beaux enfants de madame
d'Oribeau, qui était venue se fixer à
Paris dans le même but que moi,
c'était là un jeune monde bien-
aimé qui se réunissait de temps en
temps à mes enfants, mettant, à
ma grande satisfaction, la maison
sens dessus dessous.

Nous passâmes ainsi près d'un
an, à tâter ce mode d'éducation à
domicile. Maurice s'en trouva assez
bien. Il ne mordit jamais plus que

mon père ne l'avait fait aux études classiques; mais il prit avec M. Eugène Pelletan, M. Loyson et M. Zirardini le goût de lire et de comprendre, et il fut bientôt en état de s'instruire lui-même et de découvrir tout seul les horizons vers lesquels sa nature d'esprit le poussait. Il put aussi commencer à recevoir des notions de dessin, qu'il n'avait reçues jusque-là que de son instinct.

Il en fut autrement de ma fille. Malgré l'excellent enseignement qui lui fut donné chez moi par mademoiselle Suez, une Génevoise de grand savoir et d'une admirable douceur, son esprit impatient

ne pouvait se fixer à rien, et
cela était désespérant, car l'intelligence, la mémoire et la compré-
hension étaient magnifiques chez
elle. Il fallut en revenir à l'éducation en commun, qui la stimulait
davantage, et à la vie de pension,
qui, restreignant les sujets de distraction, les rend plus faciles à
·vaincre. Elle ne se plut pourtant
pas dans la première pension où
je la mis. Je l'en retirai aussitôt
pour la conduire à Chaillot, chez
madame Bascans, où elle convint
qu'elle était réellement mieux que
chez moi. Installée dans une maison charmante et dans un lieu magnifique, objet des plus doux soins
et favorisée des leçons particulières

de M. Bascans, un homme de vrai mérite, elle daigna enfin s'apercevoir que la culture de l'intelligence pouvait bien être autre chose qu'une vexation gratuite. Car tel était le thème de cette raisonneuse; elle avait prétendu jusque-là qu'on avait *inventé* les connaissances humaines dans l'unique but de contrarier les petites filles.

Ce parti de me séparer d'elle de nouveau étant pris (avec plus d'effort et de regret que je ne voulus lui en montrer), je vécus alternativement à Nohant l'été, et à Paris l'hiver, sans me séparer de Maurice, qui savait s'occuper partout et toujours. Chopin venait

passer trois ou quatre mois chaque
année à Nohant. J'y prolongeais
mon séjour assez avant dans l'hiver, et je retrouvais à Paris mon
malade ordinaire, c'est ainsi qu'il
s'intitulait, désirant mon retour,
mais ne regrettant pas la campagne,
qu'il n'aimait pas au delà d'une
quinzaine, et qu'il ne supportait
davantage que par attachement
pour moi. Nous avions quitté les
pavillons de la rue Pigale, qui lui
déplaisaient, pour nous établir au
square d'Orléans, où la bonne et
active Marliani nous avait arrangé
une vie de famille. Elle occupait
un bel appartement entre les deux
nôtres. Nous n'avions qu'une grande
cour, plantée et sablée, tou-

jours propre, à traverser pour nous
réunir, tantôt chez elle, tantôt chez
moi, tantôt chez Chopin, quand il
était disposé à nous faire de la musique. Nous dînions chez elle tous
ensemble à frais communs. C'était
une très-bonne association, écono-
mique comme toutes les associa-
tions, et qui me permettait de voir
du monde chez madame Marliani,
mes amis plus intimement chez
moi, et de prendre mon travail à
l'heure où il me convenait de me
retirer. Chopin se réjouissait aussi
d'avoir un beau salon isolé, où il
pouvait aller composer ou rêver.
Mais il aimait le monde et ne pro-
fitait guère de son sanctuaire que
pour y donner des leçons. Ce n'est

qu'à Nohant qu'il créait et écrivait.
Maurice avait son appartement et
son atelier au-dessus de moi. Solange avait près de moi une jolie
chambrette où elle aimait à faire la
dame vis-à-vis d'Augustine les jours
de sortie, et d'où elle chassait son
frère et Oscar impérieusement, pré-
tendant que les gamins avaient
mauvais ton et sentaient le cigare;
ce qui ne l'empêchait pas de grim-
per à l'atelier un moment après
pour les faire enrager, si bien qu'ils
passaient leur temps à se renvoyer
outrageusement de leurs domiciles
respectifs et à revenir frapper à la
porte pour recommencer. Un autre
enfant, d'abord timide et raillé,
bientôt taquin et railleur, venait

ajouter aux allées et venues, aux algarades et aux éclats de rire qui désespéraient le voisinage. C'était Eugène Lambert, camarade de Maurice à l'atelier de peinture de Delacroix, un garçon plein d'esprit, de cœur et de dispositions, qui devint mon enfant presque autant que les miens propres, et qui, appelé à Nohant pour un mois, y a passé jusqu'à présent une douzaine d'étés, sans compter plusieurs hivers.

Plus tard, je pris Augustine tout à fait avec nous, la vie de famille et d'intérieur me devenant chaque jour plus chère et plus nécessaire[1].

[1] Cette enfant, belle et douce, fut toujours un ange de consolation pour moi. Mais, en dépit de

S'il me fallait parler ici avec détail des illustres et chers amis qui m'entourèrent pendant ces huit années, je recommencerais un volume.

ses vertus et de sa tendresse, elle fut pour moi la cause de bien grands chagrins. Ses tuteurs me la disputaient, et j'avais de fortes raisons pour accepter le devoir de la protéger exclusivement. Devenue majeure, elle ne voulait pas s'éloigner de moi. Ce fut la cause d'une lutte ignoble et d'un chantage infâme de la part de gens que je ne nommerai pas. On me menaça de libelles atroces si je ne donnais pas quarante mille francs. Je laissai paraître les libelles, immonde ramassis de mensonges ridicules que la police se chargea d'interdire. Ce ne fut pas là le point douloureux du martyre que je subissais pour cette noble et pure enfant : la calomnie s'acharna après elle par contre-coup, et, pour la protéger envers et contre tous, je dus plus d'une fois briser mon propre cœur et mes plus chères affections.

Mais ne suffit-il pas de nommer,
outre ceux dont j'ai parlé déjà,
Louis Blanc, Godefroy Cavaignac,
Henri Martin, et le plus beau
génie de femme de notre époque,
uni à un noble cœur, Pauline Gar-
cia, fille d'un artiste de génie, sœur
de la Malibran, et mariée à mon
ami Louis Viardot, savant modeste,
homme de goût et surtout homme
de bien!

Parmi ceux que j'ai vus avec
autant d'estime et moins d'intimité,
je citerai Mickiewicz, Lablache, Alkan
aîné, Soliva, E. Quinet, le général
Pepe, etc.! et, sans faire de catégories
de talent ou de célébrité, j'aime à me
rappeler l'amitié fidèle de Bocage,

14

le grand artiste, et la touchante
amitié d'Agricol Perdiguier, le noble
artisan; celle de Ferdinand Fran-
çois, âme stoïque et pure, et celle
de Gilland, écrivain prolétaire d'un
grand talent et d'une grande foi;
celle d'Étienne Arago, si vraie et si
charmante, et celle d'Anselme Pé-
tétin, si mélancolique et si sincère;
celle de M. de Bonnechose, le
meilleur des hommes et le plus
aimable, l'inappréciable ami de
madame Marliani; et celle de
M. de Rancogne, charmant poëte
inédit, sensible et gai vieillard qui
avait toujours des roses dans l'esprit et jamais d'épines dans le
cœur; celle de Mendizabal, le père
enjoué et affectueux de toute notre

chère jeunesse, et celle de Dessauer, artiste éminent, caractère pur et digne [1]; enfin celle d'Hetzel, qui, pour arriver sur le tard de ma vie, ne m'en fut pas moins précieuse, et celle du docteur Varennes, une des plus anciennes et des plus regrettées.

Hélas! la mort ou l'absence ont dénoué la plupart de ces relations, sans refroidir mes souvenirs et mes sympathies. Parmi celles que j'ai pu ne pas perdre de vue, j'aime à nommer le capitaine d'Arpentigny, un des esprits les plus frais, les

[1] Henri Heine m'a prêté contre lui des sentiments inouïs. Le génie a ses rêves de malade.

plus originaux et les plus étendus
qui existent, et madame Hortense
Allart, écrivain d'un sentiment très-
élevé et d'une forme très-poétique,
femme savante toute jolie et toute
rose, disait Delatouche; esprit cou-
rageux, indépendant; femme brillante et sérieuse, vivant à l'ombre
avec autant de recueillement et de
sérénité qu'elle saurait porter de
grâce et d'éclat dans le monde;
mère tendre et forte, entrailles de
femme, fermeté d'homme.

Je voyais aussi cette tête exaltée
et généreuse, cette femme qui avait
les illusions d'un enfant et le caractère d'un héros, cette folle, cette

martyre, cette sainte, Pauline Ro-
land.

J'ai nommé Mickiewicz, génie égal
à celui de Byron, âme conduite aux
vertiges de l'extase par l'enthousiasme de la patrie et la sainteté
des mœurs. J'ai nommé Lablache,
le plus grand acteur comique et le
plus parfait chanteur de notre époque : dans la vie privée, c'est un
adorable esprit et un père de famille respectable. J'ai nommé Soliva,
compositeur lyrique d'un vrai talent,
professeur admirable, caractère noble
et digne, artiste enjoué, enthousiaste, sérieux. Enfin, j'ai nommé
Alkan, pianiste célèbre, plein d'idées
fraîches et originales, musicien sa-

vant, homme de cœur. Quant à
Edgar Quinet, tous le connaissent
en le lisant : un grand cœur, dans
une vaste intelligence; ses amis connaissent en plus sa modestie candide
et la douceur de son commerce.
Enfin, j'ai nommé le général Pepe,
âme héroïque et pure, un de ces
caractères qui rappellent les hommes
de Plutarque. Je n'ai nommé ni
Mazzini, ni les autres amis que j'ai
gardés dans le monde politique et
dans la vie intime, ne les ayant
connus réellement que plus tard.

Déjà, dans ce temps-là, je tou-
chais, par mes relations variées,
aux extrêmes de la société, à l'o-
pulence, à la misère, aux croyances

les plus absolutistes, aux principes
les plus révolutionnaires. J'aimais à
connaitre et à comprendre les di-
vers ressorts qui font mouvoir l'humanité et qui décident de ses vicis-
situdes. Je regardais avec attention,
je me trompais souvent, je voyais
clair quelquefois.

Après les désespérances de ma
jeunesse, trop d'illusions me gou-
vernèrent. Au scepticisme maladif
succéda trop de bienveillance et
d'ingénuité. Je fus mille fois dupe
d'un rêve de fusion archangélique
dans les forces opposées du grand
combat des idées. Je suis bien encore quelquefois capable de cette
simplicité, résultat d'une plénitude

de cœur; pourtant j'en devrais être bien guérie, car mon cœur a beaucoup saigné.

La vie que je raconte ici était aussi bonne que possible à la surface. Il y avait pour moi du beau soleil sur mes enfants, sur mes amis, sur mon travail; mais la vie que je ne raconte pas était voilée d'amertumes effroyables.

Je me souviens d'un jour où, révoltée d'injustices sans nom qui, dans ma vie intime, m'arrivaient tout à coup de plusieurs côtés à la fois, je m'en allai pleurer dans le petit bois de mon jardin de Nohant, à l'endroit où jadis ma mère faisait pour moi et avec moi

ses jolies petites rocailles. J'avais
alors environ quarante ans, et quoique sujette à des névralgies terribles, je me sentais physiquement
beaucoup plus forte que dans ma
jeunesse. Il me prit fantaisie, je
ne sais au milieu de quelles idées
noires, de soulever une grosse
pierre, peut-être une de celles que
j'avais vu autrefois porter par ma
robuste petite mère. Je la soulevai
sans effort, et je la laissai retomber avec désespoir, disant en moi-
même : « Ah! mon Dieu, j'ai peut-
être encore quarante ans à vivre! »

L'horreur de la vie, la soif du
repos, que je repoussais depuis
longtemps, me revinrent cette fois-

là d'une manière bien terrible. Je
m'assis sur cette pierre, et j'épuisai
mon chagrin dans des flots de larmes. Mais il se fit là en moi une
grande révolution : à ces deux
heures d'anéantissement succédèrent
deux ou trois heures de méditation
et de rassérénement dont le souvenir est resté net en moi comme
une chose décisive en ma vie.

La résignation n'est pas dans ma
nature. C'est là un état de tristesse
morne, mêlée à de lointaines es-
pérances, que je ne connais pas.
J'ai vu cette disposition chez les
autres, je n'ai jamais pu l'éprouver.
Apparemment mon organisation s'y
refuse. Il me faut désespérer abso-

lument pour avoir du courage. Il
faut que je sois arrivée à me dire
« Tout est perdu! » pour que je
me décide à tout accepter. J'avoue
même que ce mot de résignation
m'irrite. Dans l'idée que je m'en
fais, à tort ou à raison, c'est une
sotte paresse qui veut se soustraire
à l'inexorable logique du malheur;
c'est une mollesse de l'âme qui
nous pousse à faire notre salut en
égoïstes, à tendre un dos endurci
aux coups de l'iniquité, à devenir
inertes, sans horreur du mal que
nous subissons, sans pitié par conséquent pour ceux qui nous l'infli-
gent. Il me semble que les gens
complétement résignés sont pleins
de dégoût et de mépris pour la

race humaine. Ne s'efforçant plus
de soulever les rochers qui les écra-
sent, ils se disent que tout est ro-
cher, et qu'eux seuls sont les enfants de Dieu[1].

Une autre solution s'ouvrit devant moi. Tout subir sans haine et
sans ressentiment, mais tout combattre par la foi; aucune ambition,
aucun rêve de bonheur personnel
pour moi-même en ce monde, mais
beaucoup d'espoir et d'efforts pour
le bonheur des autres.

Ceci me parut une conclusion
souveraine de la logique applicable

[1] C'était aussi le sentiment de M. Lamennais.
Silvio Pellico était pour lui le type de la résignation, et cette résignation-là l'indignait.

à ma nature. Je pouvais vivre sans bonheur personnel, n'ayant pas de passions personnelles.

Mais j'avais de la tendresse et le besoin impérieux d'exercer cet instinct-là. Il me fallait chérir ou mourir. Chérir en étant peu ou mal chéri soi-même, c'est être malheureux; mais on peut vivre malheureux. Ce qui empêche de vivre, c'est de ne pas faire usage de sa propre vie, ou d'en faire un usage contraire aux conditions de sa propre vie.

En face de cette résolution, je me demandai si j'aurais la force de la suivre; je n'avais pas une assez haute idée de moi-même pour m'é-

lever au rêve de la vertu. D'ailleurs, voyez-vous, dans le temps de
scepticisme où nous vivons, une
grande lumière s'est dégagée; c'est
que la vertu n'est qu'une lumière
elle-même, une lumière qui se fait
dans l'âme. Moi, j'y ajoute, dans
ma croyance, l'aide de Dieu. Mais
qu'on accepte ou qu'on rejette le
secours divin, la raison nous dé-
montre que la vertu est un résultat brillant de l'apparition de la
vérité dans la conscience, une certitude par conséquent, qui commande
au cœur et à la volonté.

Écartant donc de mon vocabu-
laire intérieur ce mot orgueilleux
de vertu qui me paraissait trop

drapé à l'antique, et me contentant
de contempler une certitude en
moi-même, je pus me dire, assez
sagement je crois, qu'on ne revient
pas sur une certitude acquise, et
que, pour persévérer dans un parti
pris en vue de cette certitude, il
ne s'agit que de regarder en soi
chaque fois que l'égoïsme vient s'ef-
forcer d'éteindre le flambeau.

Que je dusse être agitée, troublée et tiraillée par cette imbécile
personnalité humaine, cela n'était
pas douteux, car l'âme ne veille
pas toujours; elle s'endort et elle
rêve; mais que, connaissant la réalité, c'est-à-dire l'impossibilité d'être
heureuse par l'égoïsme, je n'eusse

pas le pouvoir de secouer et de
réveiller mon âme, c'est ce qui me
parut également hors de doute.

Après avoir calculé ainsi mes
chances avec une grande ardeur
religieuse et un véritable élan de
cœur vers Dieu, je me sentis très-
tranquille, et je gardai cette tranquillité intérieure tout le reste de
ma vie; je la gardai non pas sans
ébranlement, sans interruption et
sans défaillance, mon équilibre physique succombant parfois sous cette
rigueur de ma volonté; mais je la
retrouvai toujours sans incertitude
et sans contestation au fond de
ma pensée et dans l'habitude de
ma vie.

Je la retrouvai surtout par la prière. Je n'appelle pas prière un choix et un arrangement de paroles lancées vers le ciel, mais un entretien de la pensée avec l'idéal de lumière et de perfections infinies.

De toutes les amertumes que j'avais non plus à subir, mais à combattre, les souffrances de mon *malade ordinaire* n'étaient pas la moindre.

Chopin voulait toujours Nohant et ne supportait jamais Nohant. Il était l'homme du monde par excellence, non pas du monde trop officiel et trop nombreux, mais du monde intime, des salons de vingt personnes, de l'heure où la foule s'en va et où les habitués se pres-

sent autour de l'artiste pour lui
arracher par d'aimables importu-
nités le plus pur de son inspiration.
C'est alors seulement qu'il donnait
tout son génie et tout son talent.
C'est alors aussi qu'après avoir
plongé son auditoire dans un recueillement profond ou dans une
tristesse douloureuse, car sa musique vous mettait parfois dans
l'âme des découragements atroces,
surtout quand il improvisait; tout
à coup, comme pour enlever l'im-
pression et le souvenir de sa douleur aux autres et à lui-même, il
se tournait vers une glace, à la
dérobée, arrangeait ses cheveux et
sa cravate, et se montrait subitement transformé en Anglais flegma-

tique, en vieillard impertinent, en
Anglaise sentimentale et ridicule, en
juif sordide. C'était toujours des ty-
pes tristes, quelque comiques qu'ils
fussent, mais parfaitement compris
et si délicatement traduits qu'on ne
pouvait se lasser de les admirer.

Toutes ces choses sublimes, charmantes ou bizarres qu'il savait tirer
de lui-même faisaient de lui l'âme
des sociétés choisies, et on se l'ar-
rachait bien littéralement, son noble
caractère, son désintéressement, sa
fierté, son orgueil bien entendu,
ennemi de toute vanité de mauvais
goût et de toute insolente réclame,
la sûreté de son commerce et les
exquises délicatesses de son savoir-

vivre faisant de lui un ami aussi
sérieux qu'agréable.

Arracher Chopin à tant de gâte-
ries, l'associer à une vie simple, uniforme et constamment studieuse, lui
qui avait été élevé sur les genoux
des princesses, c'était le priver de ce
qui le faisait vivre, d'une vie factice
il est vrai, car, ainsi qu'une femme
fardée, il déposait le soir, en rentrant
chez lui, sa verve et sa puissance,
pour donner la nuit à la fièvre et à
l'insomnie; mais d'une vie qui eût
été plus courte et plus animée que
celle de la retraite, et de l'intimité
restreinte au cercle uniforme d'une
seule famille. A Paris, il en traversait plusieurs chaque jour, ou il

en choisissait au moins chaque soir une différente pour milieu. Il avait ainsi tour à tour vingt ou trente salons à enivrer ou à charmer de sa présence.

Chopin n'était pas né exclusif dans ses affections; il ne l'était que par rapport à celles qu'il exigeait; son âme, impressionnable à toute beauté, à toute grâce, à tout sourire, se livrait avec une facilité et une spontanéité inouïes. Il est vrai qu'elle se reprenait de même, un mot maladroit, un sourire équivoque le désenchantant avec excès. Il aimait passionnément trois femmes dans la même soirée de fête, et s'en allait tout seul, ne songeant à aucune d'elles, les laissant toutes trois convaincues de l'avoir exclusivement charmé.

Il était de même en amitié, s'enthousiasmant à première vue, se dégoûtant, se reprenant sans cesse, vivant d'engouements pleins de charmes pour ceux qui en étaient l'objet, et de mécontentements secrets qui empoisonnaient ses plus chères affections.

Un trait qu'il m'a raconté lui-même prouve combien peu il mesurait ce qu'il accordait de son cœur à ce qu'il exigeait de celui des autres.

Il s'était vivement épris de la petite-fille d'un maître célèbre; il

songea à la demander en mariage,
dans le même temps où il poursuivait la pensée d'un autre mariage
d'amour en Pologne, sa loyauté
n'étant engagée nulle part, mais
son âme mobile flottant d'une passion à l'autre. La jeune Parisienne
lui faisait bon accueil, et tout allait au mieux, lorsqu'un jour qu'il
entrait chez elle avec un autre musicien plus célèbre à Paris qu'il ne
l'était encore, elle s'avisa de pré-
senter une chaise à ce dernier
avant de songer à faire asseoir
Chopin. Il ne la revit jamais et
l'oublia tout de suite.

Ce n'est pas que son âme fût
impuissante ou froide. Loin de là,

elle était ardente et dévouée, mais
non pas exclusivement et conti-
nuellement envers telle ou telle
personne. Elle se livrait alternativement à cinq ou six affections qui
se combattaient en lui et dont une
primait tour à tour toutes les autres.

Il n'était certainement pas fait
pour vivre longtemps en ce monde,
ce type extrême de l'artiste. Il y
était dévoré par un rêve d'idéal
que ne combattait aucune tolé-
rance de philosophie ou de miséricorde à l'usage de ce monde. Il
ne voulait jamais transiger avec la
nature humaine. Il n'acceptait rien
de la réalité. C'était là son vice et
sa vertu, sa grandeur et sa mi-

sère. Implacable envers la moindre tache, il avait un enthousiasme immense pour la moindre lumière, son imagination exaltée faisant tous les frais possibles pour y voir un soleil.

Il était donc à la fois doux et cruel d'être l'objet de sa préférence, car il vous tenait compte avec usure de la moindre clarté, et vous accablait de son désenchantement au passage de la plus petite ombre.

On a prétendu que, dans un de mes romans, j'avais peint son caractère avec une grande exactitude d'analyse. On s'est trompé, parce que l'on a cru reconnaître quelques-uns de ses traits, et, procédant

par ce système, trop commode
pour être sûr, Listz lui-même, dans
une *Vie de Chopin*, un peu exu-
bérante de style, mais remplie
cependant de très-bonnes choses et
de très-belles pages, s'est fourvoyé
de bonne foi.

J'ai tracé, dans le *Prince Karol*,
le caractère d'un homme déterminé
dans sa nature, exclusif dans ses sentiments, exclusif dans ses exigences.

Tel n'était pas Chopin. La nature ne dessine pas comme l'art,
quelque réaliste qu'il se fasse. Elle
a des caprices, des inconséquences,
non pas réelles probablement, mais
très-mystérieuses. L'art ne rectifie

ces inconséquences que parce qu'il
est trop borné pour les rendre.

Chopin était un résumé de ces
inconséquences magnifiques que Dieu
seul peut se permettre de créer et
qui ont leur logique particulière. Il
était modeste par principe et doux
par habitude, mais il était impérieux par instinct et plein d'un
orgueil légitime qui s'ignorait lui-
même. De là des souffrances qu'il ne
raisonnait pas et qui ne se fixaient
pas sur un objet déterminé.

D'ailleurs le prince Karol n'est
pas artiste. C'est un rêveur, et rien
de plus; n'ayant pas de génie, il
n'a pas les droits du génie. C'est

donc un personnage plus vrai qu'aimable, et c'est si peu le portrait
d'un grand artiste, que Chopin, en
lisant le manuscrit chaque jour sur
mon bureau, n'avait pas eu la
moindre velléité de s'y tromper,
lui, si soupçonneux pourtant!

Et cependant plus tard, par réaction, il se l'imagina, m'a-t-on dit.
Des ennemis (j'en avais auprès de
lui qui se disaient ses amis, comme
si aigrir un cœur souffrant n'était
pas un meurtre), des ennemis lui
firent croire que ce roman était
une révélation de son caractère.
Sans doute, en ce moment-là, sa
mémoire était affaiblie : il avait ou-
blié le livre, que ne l'a-t-il relu!

Cette histoire était si peu la
nôtre! Elle en était tout l'inverse.
Il n'y avait entre nous ni les
mêmes enivrements, ni les mêmes
souffrances. Notre histoire, à nous,
n'avait rien d'un roman; le fond
en était trop simple et trop sérieux
pour que nous eussions jamais eu
l'occasion d'une querelle l'un contre
l'autre, à propos l'un de l'autre.
J'acceptais toute la vie de Chopin
telle qu'elle se continuait en dehors
de la mienne. N'ayant ni ses goûts,
ni ses idées en dehors de l'art, ni
ses principes politiques, ni son appréciation des choses de fait, je
n'entreprenais aucune modification
de son être. Je respectais son individualité, comme je respectais celle

de Delacroix et de mes autres amis engagés dans un chemin différent du mien.

D'un autre côté, Chopin m'accordait, et je peux dire m'honorait d'un genre d'amitié qui faisait exception dans sa vie. Il était toujours le même pour moi. Il avait sans doute peu d'illusions sur mon compte, puisqu'il ne me faisait jamais redescendre dans son estime. C'est ce qui fit durer longtemps notre bonne harmonie.

Étranger à mes études, à mes recherches et, par suite, à mes convictions, enfermé qu'il était dans le dogme catholique, il disait de

moi, comme la mère Alicia dans
les derniers jours de sa vie [1] :
« *Bah! bah! je suis bien sûre qu'elle
aime Dieu !* »

Nous ne nous sommes donc jamais adressé un reproche mutuel,
sinon une seule fois qui fut, hélas!
la première et la dernière. Une
affection si élevée devait se briser,
et non s'user dans des combats in-
dignes d'elle.

Mais si Chopin était avec moi le
dévouement, la prévenance, la
grâce, l'obligeance et la déférence

[1] Cette âme bien-aimée est retournée à Dieu
le 20 janvier 1855.

en personne, il n'avait pas, pour
cela, abjuré les aspérités de son
caractère envers ceux qui m'entou-
raient. Avec eux, l'inégalité de son
âme, tour à tour généreuse et fan-
tasque, se donnait carrière, passant
toujours de l'engouement à l'aversion, et réciproquement. Rien ne
paraissait, rien n'a jamais paru de
sa vie intérieure dont ses chefs-
d'œuvre d'art étaient l'expression
mystérieuse et vague, mais dont ses
lèvres ne trahissaient jamais la
souffrance. Du moins telle fut sa
réserve pendant sept ans, que moi
seule pus les deviner, les adoucir
et en retarder l'explosion.

Pourquoi une combinaison d'évé-

nements en dehors de nous ne
nous éloigna-t-elle pas l'un de l'autre avant la huitième année!

Mon attachement n'avait pu faire
ce miracle de le rendre un peu
calme et heureux que parce que
Dieu y avait consenti en lui con-
servant un peu de santé. Cependant
il déclinait visiblement, et je ne savais plus quels remèdes employer
pour combattre l'irritation crois-
sante des nerfs. La mort de son
ami le docteur Mathuzinski et ensuite celle de son propre père lui
portèrent deux coups terribles. Le
dogme catholique jette sur la mort
des terreurs atroces. Chopin, au
lieu de rêver pour ces âmes pures

16.

un meilleur monde, n'eut que des
visions effrayantes, et je fus obligée
de passer bien des nuits dans une
chambre voisine de la sienne, toujours prête à me lever cent fois de
mon travail pour chasser les spec-
tres de son sommeil et de son insomnie. L'idée de sa propre mort
lui apparaissait escortée de toutes
les imaginations superstitieuses de
la poésie slave. Polonais, il vivait
dans le cauchemar des légendes.
Les fantômes l'appelaient, l'enla-
çaient, et, au lieu de voir son père
et son ami lui sourire dans le
rayon de la foi, il repoussait leurs
faces décharnées de la sienne et se
débattait sous l'étreinte de leurs
mains glacées.

Nohant lui était devenu antipathique. Son retour, au printemps,
l'enivrait encore quelques instants.
Mais dès qu'il se mettait au travail,
tout s'assombrissait autour de lui.
Sa création était spontanée, mira-
culeuse. Il la trouvait sans la chercher, sans la prévoir. Elle venait
sur son piano soudaine, complète,
sublime; ou elle se chantait dans
sa tête pendant une promenade, et
il avait hâte de se la faire entendre
à lui-même en la jetant sur l'instru-
ment. Mais alors commençait le
labeur le plus navrant auquel j'aie
jamais assisté. C'était une suite d'efforts, d'irrésolutions et d'impatiences
pour ressaisir certains détails du
thème de son audition : ce qu'il

avait conçu tout d'une pièce, il
l'analysait trop en voulant l'écrire,
et son regret de ne pas le retrouver assez net, selon lui, le jetait
dans une sorte de désespoir. Il s'en-
fermait dans sa chambre des journées entières, pleurant, marchant,
brisant ses plumes, répétant et
changeant cent fois une mesure,
l'écrivant et l'effaçant autant de
fois, et recommençant le lendemain
avec une persévérance minutieuse
et désespérée. Il passait six semaines sur une page pour en revenir
à l'écrire telle qu'il l'avait tracée
du premier jet.

J'avais eu longtemps l'influence de

le faire consentir à se fier à ce
premier jet de l'inspiration. Mais
quand il n'était plus disposé à me
croire, il me reprochait doucement
de l'avoir gâté et de n'être pas assez sévère pour lui. J'essayais de le
distraire, de le promener. Quelquefois emmenant toute ma couvée
dans un char à bancs de campagne,
je l'arrachais malgré lui à cette
agonie, je le menais aux bords de
la Creuse, et, pendant deux ou
trois jours, perdus au soleil et à la
pluie dans des chemins affreux,
nous arrivions, riants et affamés, à
quelque site magnifique où il semblait renaître. Ces fatigues le bri-
saient le premier jour, mais il
dormait! Le dernier jour, il était

tout ranimé, tout rajeuni, en re-
venant à Nohant, et il trouvait
la solution de son travail sans trop
d'efforts; mais il n'était pas toujours possible de le déterminer à
quitter ce piano qui était bien
plus souvent son tourment que sa
joie, et peu à peu il témoigna de
l'humeur quand je le dérangeais.
Je n'osais pas insister. Chopin fâ-
ché était effrayant, et comme, avec
moi, il se contenait toujours, il
semblait près de suffoquer et de
mourir.

Ma vie, toujours active et rieuse
à la surface, était devenue inté-
rieurement plus douloureuse que

jamais. Je me désespérais de ne
pouvoir donner aux autres ce bonheur auquel j'avais renoncé pour
mon compte; car j'avais plus d'un
sujet de profond chagrin contre lequel je m'efforçais de réagir. L'amitié de Chopin n'avait jamais été
un refuge pour moi dans la tristesse. Il avait bien assez de ses
propres maux à supporter. Les
miens l'eussent écrasé, aussi ne les
connaissait-il que vaguement et ne
les comprenait-il pas du tout. Il
eût apprécié toutes choses à un
point de vue très-différent du mien.
Ma véritable force me venait de
mon fils, qui était en âge de parta-
ger avec moi les intérêts les plus
sérieux de la vie et qui me soutenait

par son égalité d'âme, sa raison pré-
coce et son inaltérable enjouement.
Nous n'avons pas, lui et moi, les
mêmes idées sur toutes choses, mais
nous avons ensemble de grandes
ressemblances d'organisation, beaucoup des mêmes goûts et des mêmes besoins; en outre, un lien
d'affection naturelle si étroit qu'un
désaccord quelconque entre nous ne
peut durer un jour et ne peut tenir à un moment d'explication tête
à tête. Si nous n'habitons pas le
même enclos d'idées et de sentiments, il y a, du moins, une
grande porte toujours ouverte au
mur mitoyen, celle d'une affection
immense et d'une confiance absolue.

A la suite des dernières rechutes
du malade, son esprit s'était assom-
bri extrêmement, et Maurice, qui
l'avait tendrement aimé jusque-là,
fut blessé tout à coup par lui d'une
manière imprévue pour un sujet
futile. Ils s'embrassèrent un moment
après, mais le grain de sable était
tombé dans le lac tranquille, et
peu à peu les cailloux y tombèrent
un à un. Chopin fut irrité souvent
sans aucun motif et quelquefois irrité injustement contre de bonnes
intentions. Je vis le mal s'aggraver
et s'étendre à mes autres enfants,
rarement à Solange, que Chopin
préférait, par la raison qu'elle seule
ne l'avait pas gâté, mais à Augustine avec une amertume effrayante,

et à Lambert même, qui n'a jamais
pu deviner pourquoi. Augustine, la
plus douce, la plus inoffensive de
nous tous à coup sûr, en était consternée. Il avait été d'abord si bon
pour elle! Tout cela fut supporté;
mais enfin, un jour, Maurice, lassé
de coups d'épingle, parla de quitter
la partie. Cela ne pouvait pas et
ne devait pas être. Chopin ne sup-
porta pas mon intervention légitime et nécessaire. Il baissa la tête
et prononça que je ne l'aimais
plus.

Quel blasphème après ces huit
années de dévouement maternel!
Mais le pauvre cœur froissé n'avait
pas conscience de son délire. Je

pensais que quelques mois passés
dans l'éloignement et le silence
guériraient cette plaie et rendraient
l'amitié calme, la mémoire équi-
table. Mais la révolution de février
arriva et Paris devint momentané-
ment odieux à cet esprit incapable
de se plier à un ébranlement quelconque dans les formes sociales.
Libre de retourner en Pologne, ou
certain d'y être toléré, il avait pré-
féré languir dix ans loin de sa
famille qu'il adorait, à la douleur
de voir son pays transformé et dé-
naturé. Il avait fui la tyrannie,
comme maintenant il fuyait la
liberté !

Je le revis un instant en mars

1848. Je serrai sa main tremblante et glacée. Je voulus lui parler, il s'échappa. C'était à mon tour de dire qu'il ne m'aimait plus. Je lui épargnai cette souffrance, et je remis tout aux mains de la Providence et de l'avenir.

Je ne devais plus le revoir. Il y avait de mauvais cœurs entre nous. Il y en eut de bons aussi, qui ne surent pas s'y prendre. Il y en eut de frivoles qui aimèrent mieux ne pas se mêler d'affaires délicates; Gutmann n'était pas là [1].

[1] Gutmann, son plus parfait élève, aujourd'hui un véritable maître lui-même, un noble cœur toujours. Il fut forcé de s'absenter durant la dernière maladie de Chopin, et ne revint que pour recevoir son dernier soupir.

On m'a dit qu'il m'avait appelée, regrettée, aimée filialement jusqu'à la fin. On a cru devoir me le cacher jusque-là. On a cru devoir lui cacher aussi que j'étais prête à courir vers lui. On a bien fait si cette émotion de me revoir eût dû abréger sa vie d'un jour ou seulement d'une heure. Je ne suis pas de ceux qui croient que les choses se résolvent en ce monde. Elles ne font peut-être qu'y commencer, et, à coup sûr, elles n'y finissent point. Cette vie d'ici-bas est un voile que la souffrance et la maladie rendent plus épais à certaines âmes, qui ne se soulève que par moments pour les organisations les plus solides, et que la mort déchire pour tous.

Garde-malade, puisque telle fut
ma mission pendant une notable
portion de ma vie, j'ai dû accepter
sans trop d'étonnement et surtout
sans dépit les transports et les ac-
cablements de l'âme aux prises avec
la fièvre. J'ai appris au chevet des
malades à respecter ce qui est véritablement leur volonté saine et
libre, et à pardonner ce qui est le
trouble et le délire de leur fatalité.

J'ai été payée de mes années de
veille, d'angoisse et d'absorption par
des années de tendresse, de confiance et de gratitude qu'une heure
d'injustice ou d'égarement n'a point
annulées devant Dieu. Dieu n'a pas

puni, Dieu n'a pas seulement
aperçu cette heure mauvaise dont
je ne veux pas me rappeler la
souffrance. Je l'ai supportée, non
pas avec un froid stoïcisme, mais
avec des larmes de douleur et d'enthousiasme, dans le secret de ma
prière. Et c'est parce que j'ai dit
aux absents, dans la vie ou dans la
mort : « Soyez bénis! » que j'espère
trouver dans le cœur de ceux qui
me fermeront les yeux la même
bénédiction à ma dernière heure.

Vers l'époque où je perdis Chopin, je perdis aussi mon frère plus
tristement encore : sa raison s'était
éteinte depuis quelque temps déjà;
l'ivresse avait ravagé et détruit

cette belle organisation et la faisait
flotter désormais entre l'idiotisme et
la folie. Il avait passé ses dernières
années à se brouiller et à se ré-
concilier tour à tour avec moi,
avec mes enfants, avec sa propre
famille et tous ses amis. Tant qu'il
continua à venir me voir, je pro-
longeai sa vie en mettant à son
insu de l'eau dans le vin qu'on lui
servait. Il avait le goût si blasé
qu'il ne s'en apercevait pas, et s'il
suppléait à la qualité par la quan-
tité, du moins son ivresse était
moins lourde ou moins irritée. Mais
je ne faisais que retarder l'instant
fatal où, la nature n'ayant plus la
force de réagir, il ne pourrait plus,
même à jeun, retrouver sa lucidité.

Il passa ses derniers mois à me
bouder et à m'écrire des lettres
inimaginables. La révolution de février, qu'il ne pouvait plus comprendre, à quelque point de vue
qu'il se plaçât, avait porté un dernier coup à ses facultés chancelan-
tes. D'abord républicain passionné,
il fit comme tant d'autres qui n'a-
vaient pas, comme lui, des accès
d'aliénation pour excuse; il en eut
peur, et il se mit à rêver que le
peuple en voulait à sa vie. Le peuple! le peuple dont il sortait comme
moi par sa mère, et avec lequel il
vivait au cabaret plus qu'il n'était
besoin pour fraterniser avec lui, devint son épouvantail, et il m'écrivit
qu'il savait de *source certaine que*

17.

mes amis politiques voulaient l'assas-
siner. Pauvre frère ! cette hallucina-
tion passée, il en eut d'autres qui
se succédèrent sans interruption jusqu'à ce que l'imagination déréglée
s'éteignit à son tour, et fit place à
la stupeur d'une agonie qui n'avait
plus conscience d'elle-même. Son
gendre lui survécut de peu d'années. Sa fille, mère de trois beaux
enfants, encore jeune et jolie, vit
près de moi à la Châtre. C'est une
âme douce et courageuse qui a déjà
bien souffert et qui ne faillira pas
à ses devoirs. Ma belle-sœur Émilie
vit encore plus près de moi, à la
campagne. Longtemps victime des
égarements d'un être aimé, elle se
repose de ses longues fatigues. C'est

une amie sévère et parfaite, une
âme droite et un esprit nourri de
bonnes lectures.

Ma bonne Ursule est toujours là
aussi dans cette petite ville où j'ai
cultivé si longtemps tant de douces
et durables affections. Mais, hélas!
la mort ou l'exil ont fauché autour
de nous! Duteil, Planet et Néraud
ne sont plus. Fleury a été expulsé
comme tant d'autres pour cause d'o-
pinions, bien qu'il n'eût pas même
été en situation d'agir contre le
gouvernement actuel. Je ne parle
pas de tous mes amis de Paris et
du reste de la France. On a fait jusqu'à un certain point la solitude autour de moi, et ceux qui ont échappé,

par hasard ou par miracle, à ce
système de proscriptions décrétées
souvent par la réaction passionnée
et les rancunes personnelles des
provinces, vivent comme moi de
regrets et d'aspirations.

Pour asseoir, en terminant ce récit, la situation de ceux de mes
amis d'enfance qui y ont figuré, je
dirai que la famille Duvernet habite
toujours la charmante campagne où
dès mon enfance je l'ai vue. Mon
excellente maman madame Decerfz
est aussi à la Châtre pleurant ses
enfants exilés. Rollinat est toujours
à Châteauroux, accourant chez nous
dès qu'il a un jour de loisir.

Il est assez naturel qu'après avoir
vécu un demi-siècle on se voie
privé d'une partie de ceux avec qui
on a vécu par le cœur; mais nous
traversons un temps où de violentes secousses morales ont sévi contre tous et mis en deuil toutes les
familles. Depuis quelques années surtout, les révolutions qui entraînent
d'affreux jours de guerre civile, qui
ébranlent les intérêts et irritent les
passions, qui semblent appeler fata-
lement les grandes maladies endémi-
ques après les crises de colère et
de douleur, après les proscriptions
des uns, les larmes ou la terreur
des autres; les révolutions qui rendent les grandes guerres imminen-
tes, et qui, en se succédant, détrui-

sent l'âme de ceux-ci et moisson-
nent la vie de ceux-là, ont mis la
moitié de la France en deuil de
l'autre.

Pour ma part, ce n'est plus
par douze, c'est par cent que je
compte les pertes amères que j'ai
faites dans ces dernières années.
Mon cœur est un cimetière, et si
je ne me sens pas entraînée dans
la tombe qui a englouti la moitié
de ma vie, par une sorte de ver-
tige contagieux, c'est parce que
l'autre vie se peuple pour moi de
tant d'êtres aimés qu'elle se confond
parfois avec ma vie présente jusqu'à
me faire illusion. Cette illusion n'est
pas sans un certain charme austère,

et ma pensée s'entretient désormais
aussi souvent avec les morts qu'a-
vec les vivants.

Saintes promesses des cieux où
l'on se retrouve et où l'on se re-
connaît, vous n'êtes pas un vain
rêve! Si nous ne devons pas aspi-
rer à la béatitude des purs esprits
du pays des chimères, si nous devons entrevoir toujours au delà de
cette vie un travail, un devoir, des
épreuves et une organisation limitée
dans ses facultés vis-à-vis de l'infini,
du moins il nous est permis par la
raison, et il nous est commandé
par le cœur de compter sur une
suite d'existences progressives en rai-

son de nos bons désirs. Les saints
de toutes les religions qui nous
crient du fond de l'antiquité de
nous dégager de la matière pour
nous élever dans la hiérarchie céleste
des esprits ne nous ont pas trom-
pés quant au fond de la croyance
admissible à la raison moderne.
Nous pensons aujourd'hui que, si
nous sommes immortels, c'est à
la condition de revêtir sans cesse
des organes nouveaux pour com-
pléter notre être qui n'a probablement pas le droit de devenir
un pur esprit; mais nous pouvons regarder cette terre comme
un lieu de passage et compter sur
un réveil plus doux dans le berceau
qui nous attend ailleurs. De mondes

en mondes, nous pouvons, en nous
dégageant de l'animalité qui combat ici-bas notre spiritualisme, nous
rendre propres à revêtir un corps
plus pur, plus approprié aux besoins de l'âme, moins combattu et
moins entravé par les infirmités de
la vie humaine telle que nous la
subissons ici-bas. Et certes la première de nos aspirations légitimes,
puisqu'elle est noble, est de retrouver dans cette vie future la faculté de nous remémorer jusqu'à
un certain point nos existences pré-
cédentes. Il ne serait pas très-doux
de nous en retracer tout le détail,
tous les ennuis, toutes les douleurs.
Dès cette vie, le souvenir est sou- —
vent un cauchemar; mais les points

lumineux et culminants des salutai-
res épreuves dont nous avons triom-
phé seraient une récompense, et
la couronne céleste serait l'embras-
sement de nos amis reconnus par
nous et nous reconnaissant à leur
tour. O heures de suprême joie et
d'ineffables émotions, quand la mère
retrouvera son enfant, et les amis
les dignes objets de leur amour!
Aimons-nous en ce monde, nous
qui y sommes encore, aimons-nous
assez saintement pour qu'il nous
soit permis de nous retrouver sur
tous les rivages de l'éternité avec
l'ivresse d'une famille réunie après
de longues pérégrinations.

Durant les années dont je viens

d'esquisser les principales émotions, j'avais renfermé dans mon sein d'autres douleurs encore plus poignantes dont, à supposer que je pusse parler, la révélation ne serait d'aucune utilité dans ce livre. Ce furent des malheurs pour ainsi dire étrangers à ma vie, puisque nulle influence de ma part ne put les détourner et qu'ils n'entrèrent pas dans ma destinée, attirés par le magnétisme de mon individualité. Nous faisons notre propre vie à certains égards : à d'autres égards, nous subissons celle que nous font les autres. J'ai raconté ou fait pressentir de mon existence tout ce qui y est entré par ma volonté, ou tout ce qui s'y est trouvé attiré par mes instincts. J'ai dit comment j'avais traversé et subi les diverses fatalités de ma propre organisation. C'est tout ce que je voulais et devais dire. Quant aux mortels chagrins que la fatalité des autres organisations fit peser sur moi, ceci est l'histoire du secret martyre que nous subissons tous, soit dans la vie publique, soit dans la vie privée, et que nous devons subir en silence.

Les choses que je ne dis pas sont donc celles que je ne puis excuser, parce que je ne peux pas encore me les expliquer à moi-même. Dans toute affection où j'ai eu quelques torts, si légers qu'ils puissent paraître à mon amour-propre, ils me

suffisent pour comprendre et pardonner ceux qu'on a eus envers moi.
Mais là où mon dévouement sans
bornes et sans efforts s'est trouvé
tout à coup payé d'ingratitude et
d'aversion, là où mes plus tendres
sollicitudes se sont brisées impuis-
santes devant une implacable fatalité,
ne comprenant rien à ces redouta-
bles accidents de la vie, ne voulant
pas en accuser Dieu, et sentant que
l'égarement du siècle et le scepticisme social en sont les premières
causes, je retombe dans cette sou-
mission aux arrêts du ciel, sans laquelle il nous faudrait le mécon-
naître et le maudire.

C'est que là revient toujours la

terrible question : Pourquoi Dieu, faisant l'homme perfectible et capable de comprendre le beau et le bien, l'a-t-il fait si lentement perfectible, si difficilement attaché au bien et au beau ?

L'arrêt suprême de la sagesse nous répond par la bouche de tous les philosophes : « Cette lenteur dont vous souffrez n'est pas perceptible dans l'immense durée des lois de l'ensemble. Celui qui vit dans l'éternité ne compte pas le temps, et vous qui avez une faible notion de l'éternité, vous vous laissez écraser par la sensation poignante du temps.

Oui sans doute, la succession de

nos jours amers et variables nous
opprime et détourne malgré nous
notre esprit de la contemplation se-
reine de l'éternité. Ne rougissons
pas trop de cette faiblesse. Elle puise
sa source dans les entrailles de notre
sensibilité. L'état douloureux de nos
sociétés troublées et de notre civilisation en travail fait que cette sensibilité, cette faiblesse, est peut-être
la meilleure de nos forces. Elle est
le déchirement de nos cœurs et la
morale de notre vie. Celui qui, parfaitement calme et fort, recevrait
sans souffrir les coups qui le frappent
ne serait pas dans la vraie sagesse,
car il n'aurait pas de raison pour
ne pas regarder avec le même stoïcisme brutal et cruel les blessures

qui font crier et saigner ses sem-
blables. Souffrons donc et plaignons-
nous quand notre plainte peut être
utile : quand elle ne l'est pas, tai-
sons-nous, mais pleurons en secret.
Dieu, qui voit nos larmes à notre
insu et qui, dans son immuable sérénité, nous semble n'en pas tenir
compte, a mis lui-même en nous
cette faculté de souffrir pour nous
enseigner à ne pas vouloir faire
souffrir les autres.

Comme le monde physique que
nous habitons s'est formé et fertilisé,
sous les influences des volcans et
des pluies, jusqu'à devenir approprié aux besoins de l'homme physique, de même le monde moral où

nous souffrons se forme et se fer-
tilise, sous les influences des brû-
lantes aspirations et des larmes saintes, jusqu'à mériter de devenir
approprié aux besoins de l'homme
moral. Nos jours se consument et
s'évanouissent au sein de ces tour-
mentes. Privés d'espoir et de confiance, ils sont horribles et stériles;
mais éclairés par la foi en Dieu et
réchauffés par l'amour de l'humanité, ils sont humblement accepta-
bles et pour ainsi dire doucement
amers.

Soutenue par ces notions si simples et pourtant si lentement ac-
quises à l'état de conviction, tant
l'excès de ma sensibilité intérieure

18.

dans la jeunesse obscurcissait l'effort
de ma justice, je traversai la fin de
cette période de mon récit sans trop
me départir de l'immolation que
j'avais faite de ma personnalité. Si
je la retrouvais grondeuse en moi-
même, inquiète des petites choses
et trop avide de repos, je savais du
moins la sacrifier sans grands efforts dès qu'une occasion nette de
la sacrifier utilement me rendait
l'emploi lucide de mes forces inté-
rieures. Si je n'étais pas en possession de la vertu, du moins j'étais et
je suis encore, j'espère, dans le chemin qui y mène. N'étant pas une
nature de diamant, je n'écris pas
pour les saints. Mais ceux qui, fai-
bles comme moi, et comme moi

épris d'un doux idéal, veulent traverser les ronces de la vie sans y
laisser toute leur toison, s'aideront
de mon humble expérience et trou-
veront quelque consolation à voir
que leurs peines sont celles de quel-
qu'un qui les sent, qui les résume,
qui les raconte et qui leur crie :
« Aidons-nous les uns les autres à
ne pas désespérer. »

Et pourtant ce siècle, ce triste et
grand siècle où nous vivons s'en va,
ce nous semble, à la dérive; il
glisse sur la pente des abîmes, et
j'en entends qui me disent : « Où
allons-nous? Vous qui regardez souvent l'horizon, qu'y découvrez-vous?
Sommes-nous dans le flot qui monte

ou qui descend? Allons-nous échouer
sur la terre promise, ou dans les
gouffres du chaos? »

Je ne puis répondre à ces cris
de détresse. Je ne suis pas illumi-
née du rayon prophétique, et les
plus habiles raisonnements, ceux
qui s'appuient mathématiquement
sur les chances politiques, économi-
ques et commerciales, se trouvent
toujours déjoués par l'imprévu, parce
que l'imprévu c'est le génie bienfaisant ou destructeur de l'humanité qui tantôt sacrifie ses intérêts
matériels à sa grandeur morale,
et tantôt sa grandeur morale à ses
intérêts matériels.

Il est bien vrai que le soin ja-
loux et inquiet des intérêts matériels domine la situation présente.
Après les grandes crises, ces préoccupations sont naturelles, et ce *sauve*
qui peut de l'individualité menacée
est, sinon glorieux, du moins légitime. Ne nous en irritons pas trop,
car toute chose qui n'a pas pour but
un sentiment de providence collec-
tive rentre malgré soi dans les des-
seins de cette providence. Il est évi-
dent que l'ouvrier qui dit : « Du
travail avant tout et malgré tout, »
subit les nécessités du moment et
ne regarde que le moment où il
vit ; mais par l'âpreté du travail il
marche à la notion de la dignité
et à la conquête de l'indépendance.

Il en est ainsi de tous les ouvriers
placés sur tous les échelons de la
société. L'industrialisme tend à se
dégager de toute espèce de servage
et à se constituer en puissance active, sauf à se moraliser plus tard
et à se constituer en puissance légitime par l'association fraternelle.

C'est à ce moment que nos prévisions l'attendent et que nous nous
demandons si, après l'éclat éphé-
mère des derniers trônes, les civilisations de l'Europe se constitue-
ront en républiques aristocratiques
ou démocratiques. Là apparaît l'a-
bîme..., une conflagration générale
ou des luttes partielles sur tous les
points. Quand on a respiré seule-

ment pendant une heure l'atmo-
sphère de Rome, on voit cette clef
de voûte du grand édifice du vieux
monde si prête à se détacher qu'on
croit sentir trembler la terre des
volcans, la terre des hommes!

Mais quelle sera l'issue? sur quelles
laves ardentes ou sur quels impurs
limons nous faudra-t-il passer? De
quoi vous tourmentez-vous là? L'humanité tend à se niveler, elle le
veut, elle le doit, elle le fera. Dieu
l'aide et l'aidera toujours par une
action invisible toujours résultant
des propriétés de la force humaine
et de l'idéal divin qu'il lui est permis d'entrevoir. Que des accidents
formidables entravent ses efforts,

hélas! ceci est à prévoir, à accepter d'avance. Pourquoi ne pas en-
visager la vie générale comme nous
envisageons notre vie individuelle?
Beaucoup de fatigues et de douleurs, un peu d'espoir et de bien :
la vie d'un siècle ne résume-t-elle
pas la vie d'un homme? Auquel
d'entre nous est-il arrivé d'entrer,
une fois pour toutes, dans la réali-
sation de ses bons ou mauvais désirs?

Ne cherchons pas, comme d'im-
puissants augures, la clef des destinées humaines dans un ordre de
faits quelconque. Ces inquiétudes
sont vaines, nos commentaires sont
inutiles. Je ne pense pas que la di-

vination soit le but de l'homme
sage de notre époque. Ce qu'il doit
chercher, c'est d'éclairer sa raison,
d'étudier le problème social et de
se vivifier par cette étude en la faisant dominer par quelque sentiment
pieux et sublime. O Louis Blanc,
c'est le travail de votre vie que
nous devrions avoir souvent sous
les yeux! Au milieu des jours de
crise qui font de vous un proscrit
et un martyr, vous cherchez dans
l'histoire des hommes de notre époque l'esprit et la volonté de la Providence. Habile entre tous à expliquer les causes des révolutions, vous
êtes plus habile encore à en saisir,
à en indiquer le but. C'est là le
secret de votre éloquence, c'est là

le feu sacré de votre art. Vos écrits
sont de ceux qu'on lit pour savoir
les faits, et qui vous forcent à dominer ces faits par l'inspiration de
la justice et l'enthousiasme du vrai
éternel.

Et vous aussi, Henri Martin, Ed-
gard Quinet, Michelet, vous élevez
nos cœurs, dès que vous placez les
faits de l'histoire sous nos yeux.
Vous ne touchez point au passé
sans nous faire embrasser les pensées qui doivent nous guider dans
l'avenir.

Et vous aussi, Lamartine, bien
que, selon nous, vous soyez trop
attaché aux civilisations qui ont fait

leur temps, vous répandez, par le
charme et l'abondance de votre génie, des fleurs de civilisation sur
notre avenir.

Se préparer chacun pour l'avenir, c'est donc l'œuvre des hommes
que le présent empêche de se préparer en commun. Sans nul doute,
elle est plus prompte et plus animée, cette initiation de la vie
publique, sous le régime de la liberté; les ardentes ou paisibles dis-
cussions des clubs et l'échange inof-
fensif ou agressif des émotions du
forum éclairent rapidement les mas-
ses, sauf à les égarer quelquefois;
mais les nations ne sont pas per-
dues parce qu'elles se recueillent et

méditent, et l'éducation des sociétés
se continue sous quelque forme que
revête la politique des temps.

En somme, le siècle est grand,
bien qu'il soit malade, et les hommes d'aujourd'hui, s'ils ne font pas
les grandes choses de la fin du
siècle dernier, en conçoivent, en
rêvent et peuvent en préparer de
plus grandes encore. Ils sentent déjà
profondément qu'ils le doivent.

Et nous aussi, nous avons nos
moments d'abattement et de désespoir, où il nous semble que le
monde marche follement vers le
culte des dieux de la décadence ro-
maine. Mais si nous tâtons notre

cœur, nous le trouvons épris d'in-
nocence et de charité comme aux
premiers jours de notre enfance. Eh
bien, faisons tous ce retour sur
nous-mêmes et disons-nous les uns
aux autres que notre affaire n'est
pas de surprendre les secrets du ciel
au calendrier des âges, mais de
les empêcher de mourir inféconds
dans nos âmes.

CONCLUSION.

————

Je n'avais pas eu de bonheur
dans toute cette phase de mon existence. Il n'est de bonheur pour
personne. Ce monde-ci n'est pas éta-
bli pour une stabilité de satisfac-
tions quelconques.

XX.   19

J'avais eu des *bonheurs*, c'est-à-
dire des joies, dans l'amour maternel, dans l'amitié, dans la réflexion
et dans la rêverie. C'était bien assez
pour remercier le Ciel. J'avais goûté
les seules douceurs dont je pusse
avoir soif.

Quand je commençai à écrire le
récit que je suspends ici, je venais
d'être abreuvée de douleurs plus
profondes encore que celles que
j'ai pu raconter. J'étais cependant
calme et maîtresse de ma volonté,
en ce sens que, mes souvenirs se
pressant devant moi sous mille fa-
cettes qui pouvaient être différentes
à mon appréciation, je sentis ma
conscience assez saine et ma reli-

gion assez bien établie en moi-
même pour m'aider à saisir le vrai
jour dont le passé devait s'éclairer
à mes propres yeux.

Maintenant que je vais fermer
l'histoire de ma vie à cette page,
c'est-à-dire plus de sept ans après
en avoir tracé la première page,
je suis encore sous le coup d'une
épouvantable douleur personnelle.

Ma vie, deux fois ébranlée profondément, en 1847 et en 1855,
s'est pourtant défendue de l'attrait
de la tombe; et mon cœur, deux
fois brisé, cent fois navré, s'est
défendu de l'horreur du doute.

Attribuerai-je ces victoires de la foi à ma propre raison, à ma propre volonté? Non. Il n'y a en moi rien de fort que le besoin d'aimer.

Mais j'ai reçu du secours, et je ne l'ai pas méconnu, je ne l'ai pas repoussé.

Ce secours, Dieu me l'a envoyé, mais il ne s'est pas manifesté à moi par des miracles. Pauvres humains, nous n'en sommes pas dignes, nous ne serions pas capables de les supporter, et notre faible raison succombe dès que nous croyons voir apparaître la face des anges dans le nimbe flamboyant de

la Divinité. Mais la grâce m'est venue comme elle vient à tous les
hommes, comme elle peut, comme
elle doit leur venir, par l'enseignement mutuel de la vérité. Leibnitz
d'abord, et puis Lamennais, et puis
Lessing, et puis Herder expliqué par
Quinet, et puis Pierre Leroux, et
puis Jean Reynaud, et puis Leibnitz encore, voilà les principaux
repères qui m'ont empêchée de
trop flotter dans ma route à travers les diverses tentatives de la
philosophie moderne. De ces grandes lumières, je n'ai pas tout absorbé en moi à dose égale, et je
n'ai pas même gardé tout ce que
j'avais absorbé à un moment donné.
Ce qui le prouve, c'est la fusion,

qu'à une certaine distance de ces
diverses phases de ma vie intérieure j'ai pu faire en moi de ces
grandes sources de vérité, cher-
chant sans cesse, et m'imaginant
parfois trouver le lien qui les unit,
en dépit des lacunes qui les sépa-
rent. Une doctrine toute d'idéal et
de sentiment sublime, la doctrine
de Jésus, les résume encore, quant
aux points essentiels, au-dessus de
l'abîme des siècles. Plus on examine
les grandes révélations du génie,
plus la céleste révélation du cœur
grandit dans l'esprit, à l'examen de
la doctrine évangélique.

Ceci n'est peut-être pas une formule très-*avancée* dans l'opinion de

mon siècle. Le siècle ne va pas de ce côté-là pour le moment. Peu importe, les temps viendront.

Terre de Pierre Leroux, *Ciel* de Jean Reynaud, *Univers* de Leibnitz, *Charité* de Lamennais, vous montez ensemble vers le Dieu de Jésus; et quiconque vous lira sans s'attacher trop aux subtilités de la métaphysique et sans se cuirasser dans les armures de la discussion sortira de votre rayonnement plus lucide, plus sensible, plus aimant et plus sage. Chaque secours de la sagesse des maîtres vient à point en ce monde où il n'est pas de conclusion absolue et définitive. Quand, avec la jeunesse de mon temps, je secouais la voûte de plomb des mystères, Lamennais vint à propos étayer les parties sacrées du temple. Quand, indignés après les lois de septembre, nous étions prêts encore à renverser le sanctuaire réservé, Leroux vint, éloquent, ingénieux, sublime, nous promettre le règne du ciel sur cette même terre que nous maudissions. Et, de nos jours, comme nous désespérions encore, Reynaud, déjà grand, s'est levé plus grand encore pour nous ouvrir, au nom de la science et de la foi, au nom de Leibnitz et de Jésus, l'infini des mondes comme une patrie qui nous réclame.

J'ai dit le secours de Dieu qui

m'a soutenue par l'intermédiaire des enseignements du génie; je veux dire, en finissant, le secours également divin qui m'a été envoyé par l'intermédiaire des affections du cœur.

Sois bénie, amitié filiale qui a répondu à toutes les fibres de ma tendresse maternelle; soyez bénis, cœurs éprouvés par de communes souffrances, qui m'avez rendue chaque jour plus chère la tâche de vivre pour vous et avec vous!

Sois béni aussi, pauvre ange arraché de mon sein et ravi par la mort à ma tendresse sans bornes! Enfant adoré, tu as été rejoindre dans le ciel de l'amour le George adoré de Marie Dorval. Marie Dorval est morte de sa douleur, et moi, j'ai pu rester debout, hélas!

Hélas, et merci, mon Dieu. Puisque la douleur est le creuset où l'amour s'épure, et puisque, véritablement aimée de quelques-uns, je peux encore ne pas tomber sur la route où la charité envers tous nous commande de marcher.

14 juin 1855.

FIN.

TABLE

DU TOME VINGTIÈME.

CINQUIÈME PARTIE.
(*SUITE.*)

CHAPITRE DIXIÈME.
(Suite.)

CHAPITRE ONZIÈME.